Gerrit-R. Ranft

Mit Kindern unterwegs

Baden-Württemberg umsonst

120 kostenlose Ausflugsziele

Fleischhauer & Spohn

Bildnachweis: Olaf Salm (Titelbild: Barfußpfad Dornstetten-Hallwangen, S. 55, 58); M. Zindl (Schmutztitel, S. 52); Tourist-Information Bühl (S. 15); Staatsanzeiger-Verlag (S. 16); Willi Vomstein (S. 13, 17); Gemeinde Küssaberg (S.19); Burkhardt Zantopp (S. 20); H. Knöpfler (S. 22); Touristinformation Schopfheim (S. 23); Stadt Walldürn (S. 28); Stadtarchiv Altensteig (S. 30); Märklin (S. 35); Stadtinformation Horb (S. 36); Spielkartenmuseum (S. 38); Gottlob-Frick-Gesellschaft (S. 39); Ulmer Museum (S. 42); D. Schmidt (S. 44); Hardy Mann (S. 46); Mundenhof (S. 47); Werner Liedtke (S. 51); Gemeinde Sternenfels (S. 53); H. Wunderle (S. 54, 68); Stadt Albstadt (S. 56); Touristinformation Creglingen (S. 57); Stadtarchiv Hechingen (S. 59); Hinterzarten Breitnau Tourismus GmbH (S. 60, 103); Spielberger Waldkulturpfad (S. 62); Fremdenverkehrsgemeinschaft Schwäbischer Wald (S. 64); Irina Nuss (S. 65); Gemeinde Ötisheim (S. 66); Stadt Schwäbisch Gmünd (S. 67); Kurverwaltung Bad Bellingen (S. 70); Bad Rappenauer Touristik und Bäder GmbH (S. 72); Dr. Martin Beutel (S. 74); Gary Duszynski (S. 75); Tourist-Info „Roseneck“ (S. 80); Stadt Gengenbach (S. 81, 90); Horst Giesa (S. 84); Badenweiler Thermen u. Touristik GmbH (S. 86); H. Schneider (S. 87); Wedening (S. 89); Weil der Stadt (S. 95); Infozentrum Kaltenbronn (S. 97, 102); NSZ Bad Wurzach (S. 98); G. Kersting (S. 100); A. Laber (S. 101); NAZ Rappenwört (S. 104); NSZ Ruhestein (S. 107); Gemeinde Deggenhausertal (S. 111); Isny Marketing (S. 114); Tourismusgemeinschaft Gehrenberg-Bodensee (S. 115); Stadt Murrhardt (S. 116); Kurverwaltung Bad Liebenzell (S. 122); Franke (S. 125); VNF/MRW Zeppeline Alsace J. Marx (S. 134); K. Berth (S. 141, 150); Tourist-Information Alpirsbach (S. 142); Baden-Baden Kur & Tourismus GmbH (S. 143, 144); Stadtarchiv Balingen (S. 145); Gemeinde Gschwend (S. 148); Stadt Weinstadt (S. 156, 157, 159); alle anderen Aufnahmen stammen vom Verfasser.

Fleischhauer & Spohn
steht für die hochwertigen Familienausflugsführer des Silberburg-Verlags.

2. Auflage 2009

Gesamtherstellung: Laub GmbH & Co. KG, 74834 Elztal-Dallau.

ISBN: 978-3-87230-607-4

Besuchen Sie uns im Internet
und entdecken Sie die Vielfalt unseres Verlagsprogramms:
www.silberburg.de
www.verlag-fleischhauer.de

Inhalt

1 Paläste und Ruinen

2 Sammlungen und Museen

3 Bei Fuchs und Has

6 Geschichte und Geschichten

Prima, dass Sie dieses Buch erworben haben. Egal, ob gekauft oder ausgeliehen. Da bin ich tolerant.

Ehe aber Ihre Reisen durch Baden-Württemberg losgehen, sollte ich einiges erläutern.

Wir haben lange um den Titel *Umsonst* gerungen. Er könnte missverstanden werden, wurde befürchtet. *Umsonst* bedeutet bei uns eben nicht „vergeblich", „vergebens", „ohne die erhoffte Wirkung".

Wir halten es mit dem ursprünglichen, aus dem Mittelhochdeutschen überlieferten Begriff *umbe sus*. Der meint „unentgeltlich", „ohne Gegenleistung". Ihnen wird also etwas geboten, für das Sie keine Aufwendungen erbringen, nicht zahlen müssen. *Umsonst* verstehen wir als *kostenlos*.

Nun bedeutet, wie wir festgestellt haben, *umsonst* nicht immer und überall kostenlos. Besuchen Sie eins der vorgestellten Museen ohne Gebühren, kann es dennoch sein, dass Sie auf dem städtischen Stellplatz Parkgebühren entrichten müssen. Kommen Sie dagegen zu Fuß, bleibt *umsonst* tatsächlich kostenlos, z. B. am Mundenhof bei Freiburg, im Ulmer Museum am Freitag.

Es kann auch sein, dass *umsonst* nicht für alle kostenlos ist. Nach reiflicher Überlegung haben wir einige Ausflugsziele aufgenommen, die nur mit dem *Landesfamilienpass* kostenlos besucht werden können. Den Landesfamilienpass stellen wir auf Seite 12 vor.

Beachten Sie diese Einschränkungen, werden Sie an den beschriebenen Ausflugszielen viel Freude haben. Egal, ob Sie einen Vogelpark aufsuchen oder ein Rotwildgehege, Wisente beobachten, über Barfußpfade trippeln, dem Köhler bei seiner staubigen Arbeit zuschauen, durch Ruinenlandschaften streifen oder im Skulpturenpark umhergehen. Es wird Ihnen gefallen.

Zum Schluss noch dies: Unsere Sammlung von 120 Ausflugszielen im Land schöpft längst nicht den ganzen Vorrat aus, den Baden-Württemberg *umsonst* bereithält. Unser kleiner Ausflugsführer hätte es leicht auf den doppelten Umfang gebracht, hätten wir alles mitnehmen können, was den Besuch lohnt.

Gerrit-Richard Ranft

Unser schönes Land Baden-Württemberg ist reich an herrlichen Ausflugszielen zwischen Odenwald und Bodensee, zwischen Ulmer und Freiburger Münster. Doch meist stellt sich vor Antritt der Reise gerade auch für Familien die Frage nach den Kosten. Mit welchen zusätzlichen Ausgaben muss man außer der Anfahrt rechnen? Ein guter Wegweiser, um Baden-Württemberg günstig zu entdecken, ist da der Ausflugsführer des Ulmer Journalisten und Buchautors Gerrit-Richard Ranft. „Nix taugt nix" lässt der Verfasser von „Baden-Württemberg umsonst" nicht gelten. Denn die 120 von ihm gewählten Ausflugsziele sind es alle wert, besucht zu werden – ob Tierpark oder Museum, Wildgehege, Wanderwege oder Freibäder. Es ist bemerkenswert, was in Baden-Württemberg alles angeboten wird.

Ich freue mich sehr, dass in Gerrit-Richard Ranfts Ausflugsführer auf den Landesfamilienpass aufmerksam gemacht wird. Der Landesfamilienpass, der in diesem Jahr sein 30-jähriges Jubiläum feiert, hält wieder 22 Gutscheine bereit, die zum kostenlosen beziehungsweise ermäßigten Eintritt in die staatlichen Schlösser, Gärten und Museen berechtigen. Den Landesfamilienpass erhalten kinderreiche Familien, Alleinerziehende und Familien mit einem schwerbehinderten Kind kostenlos in ihrem Rathaus vor Ort.

Auf Grund der Vielzahl von Ausflugsmöglichkeiten, die unser Land bietet, wird es den Familien mit Sicherheit nicht schwerfallen, das für sie geeignete Ziel zu finden, um im Kreise der Familie einige abwechslungsreiche und vergnügte Stunden zu verbringen.

Monika Stolz

Dr. Monika Stolz MdL, Ministerin für Arbeit und Soziales
Kinderbeauftragte der Landesregierung

Der Landesfamilienpass und zugehörige Gutscheine gewähren Familien mit ständigem Wohnsitz in Baden-Württemberg – auch ausländischen Familien – im Jahr 24 kostenlose oder preislich ermäßigte Besuche in den staatlichen Schlössern, Gärten und Museen. Pass und Gutscheine werden kostenfrei im zuständigen Bürgermeisteramt beantragt.

Den Pass erhalten Familien mit mindestens drei Kindern im Haushalt, Alleinerziehende mit mindestens einem Kind und Familien mit einem schwerbehinderten Kind.

Kostenfrei können mit speziell dafür vorgesehenen Gutscheinen jeweils einmal besucht werden: Schloss Heidelberg, Landesmuseum für Technik und Arbeit in Mannheim, Kunsthalle Baden-Baden, Badisches Landesmuseum Karlsruhe, Kunsthalle Karlsruhe, Museum für Naturkunde Karlsruhe, Staatsgalerie Stuttgart, Württembergisches Landesmuseum Stuttgart, Museum für Naturkunde Stuttgart, Archäologisches Landesmuseum Konstanz.

Ermäßigter Eintritt wird jeweils einmal gewährt für den zoologisch-botanischen Garten „Wilhelma" in Stuttgart, das „Blühende Barock" in Ludwigsburg und das Deutschordensmuseum in Bad Mergentheim.

Sieben weitere Gutscheine berechtigen zum mehrfachen, kostenlosen Besuch aller übrigen Schlösser, Gärten und Außenstellen der Museen. Sie sind in der Broschüre „Staatliche Schlösser und Gärten Baden-Württemberg" aufgeführt.

Weitere Partner, die bei Vorlage der Landesfamilienpasses kostenfrei Leistungen gewähren: Deutsches Literaturmuseum in Marbach am Neckar, Museum Oberrheinische Narrenschau in Kenzingen, Schloss Waldburg, historische Stadtführung donnerstags 17.00 Uhr in Esslingen, Stadtführungen in Besigheim, Oberschwäbisches Freilichtmuseum Kürnbach, Schmuckmuseum Pforzheim, Kraichtaler Museen, Naturkundliches Bildungszentrum Ulm und die meisten Gedenkstätten und literarischen Museen in Baden-Württemberg.

Der Landesfamilienpass gilt jeweils für ein Jahr.

(Quelle: Ministerium für Arbeit und Soziales)

Paläste und

Ruinen

Schönste Dorfkirche der Welt

Ein Gesamtkunstwerk der Brüder Zimmermann

In den Jahren 1727 bis 1733 ließ das Prämonstratenserkloster Schussenried auf dem benachbarten Dorf Steinhausen eine Wallfahrtskirche errichten. Bauherr war Abt Didacus Ströbele, Baumeister und Stukkateur Dominikus Zimmermann, Freskant sein Bruder Johann

Baptist Zimmermann. Gemeinsam schufen sie ein einzigartiges Kirchenkunstwerk. Weil aber die tatsächlichen Baukosten den Voranschlag um mehr als das Dreifache überstiegen, verlor der Abt sein Amt. Herzstück der Kirche ist das Gnadenbild der „Schmerzhaften Muttergottes auf der Saul". Diese gut 600 Jahre alte spätgotische Skulptur war 1656 in die Liebfrauenkapelle nach Steinhausen versetzt worden. Dort löste sie eine lebhafte Wallfahrt aus. Weil das Kirchlein bald zu klein wurde für die vielen Besucher, ließ der Schussenrieder Abt es abtragen und durch einen Neubau ersetzen. In ihrer engen Zusammenarbeit ist den Brüdern Zimmermann im Innern der Kirche ein grandioser fließender Übergang von der Architektur über die plastischen Dekorationen bis zur Deckenmalerei gelungen. Manchem gilt die Wallfahrtskirche als „schönste Dorfkirche der Welt". Rund zwei Dutzend Tierfiguren wie Elster, Wiedehopf, Spinnen, Eichhörnchen, dazu ungezählte Blumen- und Pflanzenmotive, bereichern den Wandschmuck.

Ort: Bad Schussenried, Landkreis Biberach / BC
Lage: 3 km nordöstlich Bad Schussenried
Parken: in Steinhausen
Rollstuhl / Kinderwagen: ja
Geöffnet: täglich 7.30 – 18.30 Uhr,
Gottesdienst: sonn- und feiertags 10.15 Uhr
Auskunft: Tourist-Information Bad Schussenried, Wilhelm-Schussen-Straße 36, 88427 Bad Schussenried, Telefon 07583 940171, www.bad-schussenried.de

Der löwenstarke Anreisetipp: Bf Bad Schussenried, weiter mit dem Bus. Fahrplanauskunft für Busse und Bahnen in Baden-Württemberg – die LöwenLine unter 01805 779966 (14 Ct./Min. aus dt. Festnetz/Mobilfunk abweichend) oder die elektronische Fahrplanauskunft über www.3-loewen-takt.de

Frischer Wind auf der Burgruine

Letzte Zuflucht in 28 Metern Höhe

Die knapp 30 000 Einwohner zählende Stadt Bühl am westlichen Rand des Schwarzwalds wird 1149 erstmals in einer Urkunde genannt. Etwa ein halbes Jahrhundert später wird auf einem Bergsporn über dem Ort die Burg Windeck erbaut. Schriftlich erwähnt wird sie im Jahr 1212. Ihren Namen wird sie von der frischen Brise erhalten haben, die auf der offenen Höhe wohl immer kräftig wehte. Die Anlage bestand ursprünglich aus einer vorderen und einer hinteren Burg. Zu jedem Teil gehörten außer dem Mauerring ein Turm und ein Wohngebäude. Der kleinere Turm schützte das Burgtor. Der größere, knapp 28 Meter hohe Bergfried war mit seinen mächtigen Mauern auf einer Grundfläche von 10 mal 10 Metern letzter Zufluchtsort der Burgbewohner in Kriegszeiten und bei Belagerungen. Die Burg überstand alle Angriffe, die von außen herangetragen wurden. Im 14. Jahrhundert allerdings brannte sie völlig aus. Burgherr Reinhard von Windeck ließ sie wieder aufbauen. Im Jahr 1561 galt die Burg als verfallen. Die Herren von Windeck hatten den zugigen Wohnsitz verlassen und sich unten im Ort ein Schloss errichtet. Die Bühler nutzten die Ruine lange Zeit als Steinbruch. Trotz dieser schweren Eingriffe sind noch immer der Bergfried, ein Turm und Teile der Ringmauer erhalten.

Ort: Bühl, Landkreis Rastatt / RA
Lage: südöstlich der Stadtmitte Bühl
Parken: oberhalb des Bühler Stadtteils Kappelwindeck an der Burgruine
Rollstuhl / Kinderwagen: nein
Geöffnet: März bis Oktober 9.00 Uhr bis Einbruch der Dunkelheit, in den Wintermonaten bei guter Witterung
Auskunft: Tourist-Information, Hauptstraße 92, 77815 Bühl, Telefon 07223 935332, www.buehl.de

Der löwenstarke Anreisetipp: Bf Bühl, weiter mit dem Bus. Fahrplanauskunft für Busse und Bahnen in Baden-Württemberg – die LöwenLine unter 01805 779966 (14 Ct./Min. aus dt. Festnetz/Mobilfunk abweichend) oder die elektronische Fahrplanauskunft über www.3-loewen-takt.de

Badens zweitgrößte Burgruine

Von der Hochburg blieb viel erhalten

Die Hochburg oberhalb von Emmendingen am Oberrhein wurde schon 1688 im Pfälzer Erbfolgekrieg fast gleichzeitig mit dem Heidelberger Schloss von französischen Truppen Ludwigs XIV. weitgehend zerstört. Danach wurde sie nicht wieder aufgebaut. Sie gilt heute – neben den umfangreichen Resten des kurpfälzischen Schlosses in Heidelberg – als größte Burg- und Festungsruine im Landesteil Baden. Erste Sicherungsarbeiten an der ausgedehnten Ruinenlandschaft wurden schon gegen Ende des 19. Jahrhunderts eingeleitet. Seit 1971 betreut der „Verein zur Erhaltung der Ruine Hochburg" die ganze Anlage. Gegründet wurde die Burg wohl im späten 11. Jahrhundert. Erste schriftliche Nachrichten liegen in einer Urkunde von 1127 vor. Die Hochburg erfuhr das Schicksal vieler vergleichbarer Bauten. Den Bauernkrieg 1524/25 überstand sie noch unversehrt. Im Dreißigjährigen Krieg erlitt sie schon erhebliche Schäden, wurde aber anschließend wieder hergerichtet. Im späten 17. Jahrhundert wurde ihr Schicksal endgültig besiegelt. Teils durch Brand, teils durch Sprengungen wurde sie in Trümmer gelegt. Trotz der großen Schäden ist an der Hochburg noch heute ihre gesamte bauliche Entwicklung vom Hochmittelalter bis zum neuzeitlichen Festungsbau um 1650 ablesbar.

Ort: Emmendingen, Landkreis Emmendingen / EM
Lage: am östlichen Stadtrand
Parken: Parkplatz an der Hochburg
Rollstuhl / Kinderwagen: nein
Geöffnet: immer frei zugänglich
Auskunft: Verein zur Erhaltung der Ruine Hochburg, Rathaus, Landvogtei 10, 79312 Emmendingen, Telefon 07641 452217, www.hochburg.de

Der löwenstarke Anreisetipp: Bf Emmendingen, weiter mit dem Bus. Fahrplanauskunft für Busse und Bahnen in Baden-Württemberg dio LöwenLine unter 01805 779966 (14 Ct./Min. aus dt. Festnetz/Mobilfunk abweichend) oder die elektronische Fahrplanauskunft über www.3-loewen-takt.de

Schönster Turm der Christenheit

Durchs Münster führt der Nasentrompeter

Der Westturm des Freiburger Münsters wird wegen seiner harmonischen Proportionen und seiner vielfach durchbrochenen Haube gern als „der schönste Turm der Christenheit“ bezeichnet. Das Münster ist heute gleichzeitig Pfarrkirche der Dompfarrei, katholische Stadtkirche und Kathedrale der Erzdiözese Freiburg. Ursprünglich war das Gotteshaus allerdings keine Bischofs-, vielmehr eine Bürgerkirche. Mit ihrem Neubau stellten die Freiburger – ähnlich wie 150 Jahre nach ihnen die Ulmer – ihrem aus dem Silberabbau im Schwarzwald gewonnenen Wohlstand öffentlich und zu Ehren des Schöpfers zur Schau. Begonnen wurde das bedeutende Werk um 1200. Länger als drei Jahrhunderte hindurch ist dann am Münster gebaut worden. Spätromanische und hochgotische Stilelemente greifen ineinander. Hans Baldung Griens Hochaltar aus dem frühen 16. Jahrhundert im Chor der Kirche schildert die Menschwerdung Gottes, den Kreuzestod Christi, die Krönung der Maria. Unter den vielen Fenstern aus dem 12. bis 16. Jahrhundert hebt sich das „Wurzel-Jesse-Fenster“ im südlichen Querhaus mit den ältesten und bedeutendsten Glasmalereien des ganzen Münsters besonders hervor. Der „Nasentrompeter“ führt Kinder auf der Internetseite www.muenster-fuer-kinder.de durch die Kathedrale.

Ort: Freiburg im Breisgau, Landkreis Breisgau-Hochschwarzwald/FR
Lage: in der Stadtmitte
Parken: im Stadtgebiet
Rollstuhl / Kinderwagen: ja
Geöffnet: tagsüber und außerhalb der Gottesdienstzeiten frei zugänglich
Auskunft: c-punkt, Herrenstraße 30, 79098 Freiburg, Telefon 0761 2085963, www.freiburger-muenster.info

Der löwenstarke Anreisetipp: Hbf Freiburg, weiter mit der Bahn. Fahrplanauskunft für Busse und Bahnen in Baden-Württemberg – die LöwenLine unter 01805 779966 (14 Ct./Min. aus dt. Festnetz/Mobilfunk abweichend) oder die elektronische Fahrplanauskunft über www.3-loewen-takt.de

Größte Ruine am badischen Rhein

Schloss Heidelberg und sein Riesenfass

In den Jahren 1689 und 1693 wurde das Heidelberger Schloss in den Wirren des Pfälzer Erbfolgekriegs großenteils zerstört. Ein Blitzeinschlag fügte der Ruine 1764 weitere Verwüstungen hinzu. Das Schloss wurde nie mehr völlig wiederaufgebaut, aber in weiten Bereichen restauriert. Die Romantiker des späten 19. Jahrhunderts erklärten die Reste zur großartigsten und schönsten Ruine Deutschlands.

Sie erhebt sich auf dem Jettenbühel, einem Vorhügel des Königstuhl, unmittelbar über der Altstadt Heidelbergs und 101 Meter über dem Wasserspiegel des Neckar. Der zauberhafte Anblick in der herausgehobenen Lage am bewaldeten Hang hat sie und mit ihr zugleich die Stadt Heidelberg weltberühmt gemacht. Länger als ein halbes Jahrtausend hatten die Kurfürsten von der Pfalz, die von den bayerischen Wittelsbachern abstammten, auf dem Schloss residiert. Liselotte von der Pfalz wurde hier 1652 geboren. Kurfürst Karl Theodor ließ 1751 das Große Fass bauen. Es misst fast sieben Meter im Durchmesser und zehn Meter in der Länge. Mit seinem Fassungsvermögen von 219 000 Litern gilt es als das größte Fass der Welt. Gut zweistündige Führungen durch die weiträumige Schlossanlage zeigen nicht nur Ruinen. Im Königssaal und im Schlosshof werden sommerliche Festspiele gehalten.

Stadt: Heidelberg, Rhein-Neckar-Kreis / HD
Lage: am Hang oberhalb der Altstadt
Parken: Parkhäuser P12, P13
Rollstuhl / Kinderwagen: ja, mit Begleitung
Geöffnet: 8.00 – 17.30 Uhr, nur mit Führungen
Eintritt: frei mit Landesfamilienpass
Auskunft: Heidelberg Marketing GmbH, Ziegelhäuser Landstraße 3, 69120 Heidelberg, Telefon 06221 14220, www.heidelberg-marketing.de

Der löwenstarke Anreisetipp: Hbf Heidelberg, weiter mit Bahn und Bus. Fahrplanauskunft für Busse und Bahnen in Baden-Württemberg – die LöwenLine unter 01805 779966 (14 Ct./Min. aus dt. Festnetz/Mobilfunk abweichend) oder die elektronische Fahrplanauskunft über www.3-loewen-takt.de

Mehr als 2 500 Jahre Festungsgeschichte

Größte Burgruine am Hochrhein

Für das Jahr 1141 schon ist eine Burg auf dem Küssaberg urkundlich belegt. Mit einiger Sicherheit wird sogar vermutet, die Höhe sei bereits in keltischer Zeit besiedelt gewesen. Reste eines Steinwalls deuten jedenfalls daraufhin. Vor 2 500 Jahren könnte dort eine keltische Fluchtburg gelegen haben. Angenommen werden darf auch, dass im 1. Jahrhundert n. Chr. ein römischer Wachturm auf dem Gipfel des Bergs gestanden hat. Aufgabe seiner Besatzung dürfte gewesen sein, die im Tal vorüberführende römische Heerstraße zu überwachen. Die Küssaburg aus dem 12. Jahrhundert wechselte in dem halben Jahrtausend ihres Bestehens immer wieder den Besitzer. Im Jahr 1634 ging sie schließlich mitten im Dreißigjährigen Krieg in einem gegnerischen Angriff in Flammen auf. Sie brannte total nieder und wurde nie wiederaufgebaut. Statt dessen wurde sie, was auch an anderen Ruinen üblich war, lange Zeit als Steinbruch genutzt. Trotzdem haben sich bis heute große Teile der einstigen Burg erhalten. Unter ihnen das Torhaus, eine rekonstruierte Zugbrücke, bis zu 15 Meter hohe Geschütztürme, Mauerreste der Bäckerei, der Burgkapelle, des Vorratshauses. Am besten erhalten ist das einstige Wohngebäude, der Palas. Die Küssaburg gilt heute als größte Burgruine im Landkreis Waldshut.

Ort: Küssaberg, Landkreis Waldshut / WT
Lage: südöstlich Küssaberg
Parken: 300 m unterhalb der Burg am Gasthof „Küssaburg"
Rollstuhl: nein / **Kinderwagen**: ja
Geöffnet: immer frei zugänglich
Auskunft: Gemeindezentrum, 79790 Küssaberg-Rheinheim, Telefon 07741 600145, www.kuessaberg.info

Der löwenstarke Anreisetipp: Bf Waldshut, weiter mit dem Bus. Fahrplanauskunft für Busse und Bahnen in Baden-Württemberg – die LöwenLine unter 01805 779966 (14 Ct./Min. aus dt. Festnetz/Mobilfunk abweichend) oder die elektronische Fahrplanauskunft über www.3-loewen-takt.de

Ein Zweitwohnsitz für den Pfalzgrafen

Burgfeste Dilsberg hoch über dem Neckar

Im Jahr 1208 wird Burg Dilsberg über dem Ort Neckargemünd erstmals schriftlich genannt. Sie ist Wohnsitz des Grafen Boppo V. von Lauffen. In den folgenden Jahrhunderten erlebt sie eine wechselvolle Geschichte, wird belagert und umkämpft. Der Pfalzgraf auf dem Heidelberger Schloss schafft sich auf dem Dilsberg einen „Zweitwohnsitz". Damit den Herrschaften auf der noch einsam gelegenen Burg stets ausreichend Dienstpersonal zur Verfügung steht, wird vor ihren Toren eine kleine Stadt gegründet. Auf Anweisung des Pfalzgrafen müssen die Einwohner von Rainbach und Reidenberg ihre Dörfer verlassen und auf den Berg umziehen. Dort bauen sie sich neue Häuser. Bei Bedarf haben sie Soldaten ins Quartier zu nehmen, sich auch bereitzuhalten, um Angehörige der Hofgesellschaft aufzunehmen, falls der Pfalzgraf dies für erforderlich hält. Die Burg übersteht die Jahrhunderte überwiegend schadlos. Auch nach Eroberungen bleibt sie unversehrt. Als sie im frühen 19. Jahrhundert nicht mehr gebraucht wird, nutzen die Dilsberger sie als Steinbruch. Dennoch bleiben große Teile der Burg bis heute recht gut erhalten. Gegen Ende des 19. Jahrhunderts – der Zeit der Romantik – wird Burg Dilsberg teilweise restauriert. Auch als Ruine ist sie ein eindrucksvolles Beispiel früher Festungsbautechnik.

Ort: Neckargemünd, Landkreis Heidelberg / HD
Lage: in der Neckarschleife nordöstlich Neckargemünd
Parken: um die Burgfeste
Rollstuhl / Kinderwagen: nein
Geöffnet: täglich 10.00 Uhr bis Einbruch der Dämmerung
Eintritt: frei mit Landesfamilienpass
Auskunft: Burg Dilsberg, Burghofweg 3a, 69151 Neckargemünd, Telefon 06223 6154, www.burg-dilsberg.de

Der löwenstarke Anreisetipp: Hbf Heidelberg, weiter mit dem Bus. Fahrplanauskunft für Busse und Bahnen in Baden-Württemberg – die Löwen-Line unter 01805 779966 (14 Ct./Min. aus dt. Festnetz/Mobilfunk abweichend) oder die elektronische Fahrplanauskunft über www.3-loewen-takt.de

Größte Burgruine der Schwäbischen Alb

Der Hohenneuffen wurde nie erobert

Vor einem halben Jahrtausend galt der Hohenneuffen als die mächtigste Burganlage der Schwäbischen Alb. Heute ist er die größte Burgruine weit und breit, thront aber selbst als Rest einstiger Macht und Herrlichkeit noch immer stolz erhaben und weithin sichtbar auf dem Gipfel eines einsamen Bergsporns. Mauern und Ecktürme, Schutzwälle, Bastionen, Kasematten, Rondengänge stehen fest wie im Fels verwachsen. Der Hohenneuffen gibt immer noch ein starkes Bild mittelalterlichen Festungsbaues ab. Im Jahr 1301 hatte Graf Eberhard der Erlauchte von Württemberg die Burg dem Konrad von Weinsberg abgekauft. In den folgenden Jahrzehnten bauten die Württemberger sie zur Festung aus, um den Schutz ihres Territoriums zu stärken. Den Bauernkrieg 1524/25 überstand die Anlage unbeschädigt. Im Dreißigjährigen Krieg wurde sie länger als ein Jahr erfolglos belagert, schließlich kampflos übergeben. Im 19. Jahrhundert wurde der Hohenneuffen aufgegeben. Er wurde nicht mehr gebraucht zum Schutz des Landes. Am 2. August 1948 trafen sich Regierungsvertreter der drei Südweststaaten Württemberg-Baden, Württemberg-Hohenzollern und Baden auf dem Hohenneuffen. Ihre Beratungen führten letztlich zur Bildung des Bundeslandes Baden-Württemberg im Jahr 1952.

Ort: Neuffen, Landkreis Esslingen / ES
Lage: oberhalb des Dorfs Neuffen
Parken: Wanderparkplatz Hohenneuffen
Rollstuhl / Kinderwagen: ja, aber schwierig
Geöffnet: immer frei zugänglich
Auskunft: Burg Hohenneuffen, Burgstraße 1, 72639 Neuffen, Telefon 07025 2206, www.hohenneuffen.de

Der löwenstarke Anreisetipp: Bf Neuffen, weiter zu Fuß. Fahrplanauskunft für Busse und Bahnen in Baden-Württemberg – die LöwenLine unter 01805 779966 (14 Ct./Min. aus dt. Festnetz/Mobilfunk abweichend) oder die elektronische Fahrplanauskunft über www.3-loewen-takt.de

16 000 Quadratmeter Ruinenlandschaft

Die Rettung der Reste der Burg Ratzenried

Am 2. Mai 1983 wurde der „Heimatverein Ratzenried" gegründet. Seine Mitglieder setzten sich neben anderen Aufgaben zum Ziel, die heruntergekommenen, von Strauch und Gestrüpp überwucherten Ruinen der ehemaligen Burg Ratzenried vor dem endgültigen Verfall zu bewahren. Heute ist die gesamte Ruinenlandschaft dieser zu Anfang des 12. Jahrhunderts erbauten größten Dienstmannenburg des Allgäu wieder sichtbar und wohlerhalten. Sie erstreckt sich über eine Länge von mehr als 220 und eine Breite von gut 75 Metern. Die drei Burgteile sind über drei Brücken untereinander verbunden. Ein Ortsadel „von Ratzenried" wird um 1180 erwähnt. Nach seinem Erlöschen kamen die Geschlechter der „Esel von Ratzenried", der „Unrain von Ratzenried", Johann von Molbrechtshausen, Konrad von Stegen. Der ständige Herrschaftswechsel wurde fortgesetzt mit den Sürgen, Prassberg, Königsegg, Stüdlin, Hirnbein. Josef Humpiß aus Ravensburg, Mitinhaber der großen Ravensburger Handelsgesellschaft, erwarb die Burg schließlich 1453 um 11 000 Gulden. Am 8. Mai 1632 wurde sie im Dreißigjährigen Krieg von schwedischen Truppen zerstört. Die Ruine wurde zum Steinbruch. Manches Haus im Ort Ratzenried ist aus Quadersteinen der Burg errichtet worden. Die Ruine ist heute eine Sehenswürdigkeit.

Ort: Ratzenried, Landkreis Ravensburg / RV
Lage: Waldgelände südlich Ratzenried, der Weg ist ausgeschildert
Parken: Parkplatz am Zufahrtsweg zur Burgruine
Rollstuhl / Kinderwagen: nein
Geöffnet: immer frei zugänglich
Auskunft: Hans Knöpfler, Obere Halde 16, 88260 Ratzenried, Telefon 07522 5282, www.ratzenried.de

Der löwenstarke Anreisetipp: Bf Wangen, weiter mit dem Bus. Fahrplanauskunft für Busse und Bahnen in Baden-Württemberg – die LöwenLine unter 01805 779966 (14 Ct./Min. aus dt. Festnetz/Mobilfunk abweichend) oder die elektronische Fahrplanauskunft über www.3-loewen-takt.de

Eine Erbschaft des Türkenlouis

Nagelneue Barockschanze in Gersbach

Im Oktober 2008 wurde im Schopfheimer Stadtteil Gersbach eine neu angelegte Wehrschanze eröffnet. Sie dient allerdings nur friedlichen Zwecken und soll die Aufgabe einer solchen, einst weitverbreiteten Verteidigungsanlage vor Augen führen. Wesentlich bestanden Schanzen aus einem hoch aufgeschütteten Erdwall. Von der Form des umgebenden Geländes und dem Auftrag der eingesetzten Truppe hingen Größe und Grundriss der Schanzen ab. Die neue Gersbacher Anlage ist eine Sechseckschanze mit einem Durchmesser von 60 und einer Wallhöhe von sieben Metern. Der äußere Graben ist fünf Meter breit und drei Meter tief. Mit dieser Form übernimmt die Schanze Merkmale der Festungsbaukunst des Barock. Die Originalschanze – nur wenige Meter abseits der jetzt rekonstruierten – war im späten 17. Jahrhundert angelegt worden. Großherzog Ludwig Wilhelm I. von Baden, wegen seiner Teilnahme am Türkenkrieg 1692 mit dem Beinamen „Türkenlouis" belegt, hatte sie gegen befürchtete Einmärsche französischer Truppen errichten lassen. Die „Minifossi" der Friedrich-Ebert-Schule in Schopfheim haben in der Umgebung viele ähnliche Wehrschanzen und Sperrmauern wiederentdeckt. Ihre Funde und Erkenntnisse habe sie unter www.jugendheim-gersbach.de/schanzen.html dokumentiert.

Ort: Schopfheim-Gersbach, Landkreis Lörrach / LÖ
Lage: am Ortsrand Gersbach
Parken: am Sportplatz Gersbach
Rollstuhl / Kinderwagen: ja
Geöffnet: immer frei zugänglich, Führungen für Gruppen auf Anfrage
Auskunft: Touristinformation Schopfheim, Hauptstraße 23, 79650 Schopfheim, Telefon 07622 396145, www.schopfheim.de

Der löwenstarke Anreisetipp: Bf Schopfheim, weiter mit dem Bus. Fahrplanauskunft für Busse und Bahnen in Baden-Württemberg – die Löwen-Line unter 01805 779966 (14 Ct./Min. aus dt. Festnetz/Mobilfunk abweichend) oder die elektronische Fahrplanauskunft über www.3-loewen-takt.de

Erzengel Michael schaut auf die Stadt

Hochgotik in Schwäbisch Hall

Seit ihrer Weihe am 10. Februar 1156 thront die Michaelskirche majestätisch über dem Marktplatz der alten Salzstadt Schwäbisch Hall. Allerdings sind nur die unteren vier Stockwerke des Westturms aus jener fernen Zeit erhalten. Die ursprüngliche, dreischiffige, romanische Basilika wurde im frühen 15. Jahrhundert, als Hall über den Salzhandel vermögend geworden war, abgetragen. An ihrer Stelle entstand in den Jahren zwischen 1427 und 1456 die gotische Hallenkirche, die heute das Stadtbild prägt. Der Chor mit dem herrlichen Netzgewölbe wurde erst 1525 fertig. Das Kircheninnere birgt herausragende Kunstwerke der Spätgotik. Älteste Arbeit ist das figurenreiche Sakramentshaus von etwa 1438. Das überlebensgroße Kruzifix schnitzte 1494 der Ulmer Bildhauer Michel Erhart. Es ist das einzige seiner bekannten Werke, das er signiert hat. Auch das „Heilige Grab" von 1455 mit seinen trauernden Figuren und der niederländische Hochaltar aus der Zeit um 1460 im Chor sind außergewöhnliche Kunstwerke der Hochgotik. Seit 1925 wird auf den mehr als 60 Stufen der mächtigen Treppe, die zur Michaelskirche hinaufführt, Freilichttheater gespielt. Die steinerne Skulptur des Erzengels Michael als Hüter der Gerechtigkeit in der Vorhalle des Turms stammt aus dem 13. Jahrhundert.

Ort: Schwäbisch Hall, Landkreis Schwäbisch Hall / SHA
Lage: in der Altstadt
Parken: im Stadtgebiet
Rollstuhl / Kinderwagen: ja
Geöffnet: immer frei zugänglich
Auskunft: Touristik und Marketing Schwäbisch Hall, Am Markt 9, 74523 Schwäbisch Hall, Telefon 0791 751246, www.schwaebischhall.de

Der löwenstarke Anreisetipp: Bf Schwäbisch Hall, weiter zu Fuß. Fahrplanauskunft für Busse und Bahnen in Baden-Württemberg – die Löwen-Line unter 01805 779966 (14 Ct./Min. aus dt. Festnetz/Mobilfunk abweichend) oder die elektronische Fahrplanauskunft über www.3-loewen-takt.de

Der Poppele ist ein Tölpel

Am Hohenkrähen treibt er Schabernack

Der Hohenkrähen ist die auffälligste Höhe in dem an markanten Gipfeln nicht armen Hügelland des Hegau westlich des Bodensees. Der Vulkankegel mit den steilen Flanken steigt zur Höhe von 644 Metern hinauf. Seinen Gipfel bekrönt der Rest einer alten Raubritterburg. Im Auftrag des Schwäbischen Bundes hat der Feldherr Georg von Frundsberg mit mehr als 8 000 Landsknechten und viel schwerem Geschütz im Jahr 1512 die Burg zerstört. Sie war zu einem Räubernest verkommen. Zwar wurde sie nach ihrer Zerstörung noch einmal wiederaufgebaut, während des Dreißigjährigen Kriegs im 17. Jahrhundert aber endgültig niedergebrannt. Ansehnliche Reste sind noch vorhanden, werden allerdings von Jahr zu Jahr stärker von Baum und Strauch überwuchert. Die Natur holt sich den Berg zurück. Den Poppele aber lässt sie wohl weiterhin im Berg und im Ruinengewirr wohnen. Von ihm erzählen sich die Leute im Hegau viel Wunderliches. Er treibe manchen Schabernack mit den Menschen dort, auch mit den Tieren. Zugleich aber ist er wohl ein kleiner Tölpel. „Du bist ein Kerl wie der Poppele", spotten sie im Hegau, wenn einer eine rechte Dummheit angestellt hat. Der Aufstieg zur Ruine ist kräftezehrend, im oberen Teil recht steil und nur geübten Wanderern anzuraten. Auf die Ruine wartet eine grundlegende Sanierung.

Ort: Singen am Hohentwiel, Landkreis Konstanz / KN
Lage: nordwestlich Singen
Parken: an der Autobahnausfahrt Singen
Rollstuhl / Kinderwagen: nein
Geöffnet: bei Drucklegung wegen Mauereinstürzen komplett gesperrt. Aufstieg nicht möglich.
Auskunft: Arbeitsgemeinschaft Hegau Touristik, Hohgarten 4, 78224 Singen, Telefon 07731 85262, www.singen.de

Der löwenstarke Anreisetipp: Fahrplanauskunft für Busse und Bahnen in Baden-Württemberg – die LöwenLine unter 01805 779966 (14 Ct./Min. aus dt. Festnetz/Mobilfunk abweichend) oder die elektronische Fahrplanauskunft über www.3-loewen-takt.de

Ein Notquartier für den Landtag

Vom Kloster zum königlichen Jagdschloss

Kloster Bebenhausen gilt als eine der besterhaltenen mittelalterlichen Klosteranlagen im Land. Teile einer dreifachen Ringmauer umgeben noch heute die ehemalige Abtei. Der markante Dachreiter prägt das Goldersbachtal im Waldgelände des Schönbuch. Gegründet wurde Bebenhausen 1183/84 von Pfalzgraf Rudolph von Tübingen als Prämonstratenserabtei. Schon fünf Jahre darauf zog der Reformorden der Zisterzienser ein. Die Abtei blühte auf, war jahrhundertelang Herrin über ein großes Gebiet. Im 14. Jahrhundert zählten zu ihrem Besitz für kurze Zeit sogar Stadt und Burg Tübingen. Bei seiner Auflösung im Jahr 1535 durch Herzog Ulrich galt Bebenhausen als reichstes Kloster im Herzogtum Württemberg. Später zog eine evangelische Klos-terschule ein. Von 1819 bis 1918 diente die Anlage der württembergischen Königsfamilie teilweise als Jagdschloss, nach dem Ende der Monarchie als Alterswohnsitz. Der Landtag von Württemberg-Hohenzollern hielt von 1947 bis 1952 seine Sitzungen in den Räumen der ehemaligen Abtei. Zu besichtigen sind Kloster und Schloss, letzeres allerdings nur im Rahmen einer Führung. Sehenswert ist vor allem der Sommerspeisesaal der Mönche mit seinen hoch- und neugotischen Dekorationen. Im einstigen Schloss werden die original erhaltenen, königlichen Gemächer gezeigt.

Ort: Tübingen-Bebenhausen, Landkreis Tübingen / TÜ
Lage: am Ortsrand Bebenhausen
Parken: im Ort
Rollstuhl / Kinderwagen: ja
Geöffnet: April bis Oktober montags 9.00 – 12.00 Uhr und 13.00 – 18.00 Uhr, dienstags bis sonntags 9.00 – 18.00 Uhr, November bis März dienstags bis sonntags 9.00 – 12.00 Uhr und 13.00 – 17.00 Uhr
Eintritt: frei mit Landesfamilienpass
Auskunft: Kloster Bebenhausen, Im Schloss, 72074 Tübingen-Bebenhausen, Telefon 07071 602802, www.kloster-bebenhausen.de

Der löwenstarke Anreisetipp: Bf Echterdingen, weiter mit dem Bus. Fahrplanauskunft für Busse und Bahnen in Baden-Württemberg – die Löwen-Line unter 01805 779966 (14 Ct./Min. aus dt. Festnetz/Mobilfunk abweichend) oder die elektronische Fahrplanauskunft über www.3-loewen-takt.de

Unterm höchsten Kirchturm der Welt

Das Ulmer Münster

Am 30. Juni 1377 wurde der Grundstein zum Ulmer Münster gelegt. Altbürgermeister Lutz Krafft stieg persönlich in die Baugrube hinab und bedeckte den Gründungsstein mit 100 Goldstücken. Erste Gottesdienste wurden schon 1383 im Rohbau gehalten. Gebaut wurde an der Kirche 166 Jahre lang, ohne dass sie fertig wurde. Im Jahr 1531 ließ die protestantisch gewordene Stadt die Bauarbeiten einstellen. Rund 360 Jahre später wurden sie wieder aufgenommen, um nun den Westturm und die beiden Chortürme zur vorgesehenen Höhe aufzuführen. Mit seinen 161,53 Metern ist der Ulmer Münsterturm der höchste Kirchturm der Welt. Der Kirchenbau selbst gilt als größtes Gotteshaus in Deutschland. Der Innenraum ist 124 Meter lang, fast 50 Meter breit und knapp 42 Meter hoch. Das Chorgestühl von 1469 zählt zu den kostbarsten Kirchenausstattungen überhaupt. Die Glasfenster im Chor und in der Bessererkapelle stammen aus dem 14. und 15. Jahrhundert. Der Hochaltar kam 1521 ins Münster. An einem der Pfeiler auf der Südseite des Mittelschiffs ist das farbige Gründungsrelief von 1377 angebracht. Ins Münster führen 5 große Portale, über denen steinerne Bogenfelder mit annähernd 300 Figuren von biblischen Ereignissen berichten. Im Turm hängen 13 Glocken mit einem Gewicht von 22 Tonnen.

Ort: Ulm, Stadtkreis Ulm / UL
Lage: Stadtmitte
Parken: Parkhaus am Rathaus
Rollstuhl / Kinderwagen: ja
Geöffnet: täglich, Sommer 9.00 – 19.00 Uhr,
Winter 9.00 – 16.45 Uhr
Auskunft: Münstergemeinde Ulm, Münsterplatz 21, 89073 Ulm,
Telefon 0731 379945-13, www.ulmer-muenster.de

Der löwenstarke Anreisetipp: Hbf Ulm, weiter zu Fuß. Fahrplanauskunft für Busse und Bahnen in Baden-Württemberg – die LöwenLine unter 01805 779966 (14 Ct./Min. aus dt. Festnetz/Mobilfunk abweichend) oder die elektronische Fahrplanauskunft über www.3-loewen-takt.de

Wallfahrtsbasilika zum „Heiligen Blut"

Anhaltende Folgen eines Ungeschicks

Im frühen 14. Jahrhundert passierte dem Pfarrer ein peinliches Missgeschick. Mitten im Gottesdienst stieß er versehentlich den Kelch mit dem Messwein um. Der ergoss sich auf das darunterliegende Korporale, ein weißes Leinentuch, und zeichnete darauf blutigrot das Bild des Gekreuzigten nach. Bald darauf schon pilgerten erste Gläubige zur Kirche, um das Tuch zu sehen. Papst Eugen IV. ordnete die Wallfahrt in den Odenwaldort Walldürn an. Das Gotteshaus konnte nach kurzer Zeit die heranströmenden Pilgerscharen nicht mehr fassen. Im 15. Jahrhundert wurde es zunächst durch einen gotischen Neubau ersetzt, in den Jahren 1698 bis 1728 dann an seiner Stelle die heutige Wallfahrtsbasilika von Walldürn errichtet. Das Bauwerk nahm Teile des Nordturms aus dem 14. Jahrhundert auf. Die Barockkirche besticht in der Harmonie ihres Innenraums und der Qualität ihrer Ausstattung. Im Heiligblutaltar wird das Leinentuch aufbewahrt, das seit Jahrhunderten die Pilger nach Walldürn ruft. Die Wallfahrt hat sich bis heute erhalten und zieht jährlich bis zu 100 000 Gläubige an. Die Hauptwallfahrtszeit beginnt am ersten Sonntag nach Pfingsten und dauert vier Wochen. Weithin sichtbar überragt der mächtige Rotsandsteinbau der Wallfahrtskirche den Odenwaldort.

Ort: Walldürn, Neckar-Odenwald-Kreis / MOS
Lage: in der Stadtmitte
Parken: im Stadtgebiet
Rollstuhl / Kinderwagen: ja
Geöffnet: tagsüber immer frei zugänglich
Auskunft: Tourist Information, Altes Rathaus, Hauptstraße 27, 74731 Walldürn, Telefon 06282 67-106 und -107, www.wallduern.de

Der löwenstarke Anreisetipp: Bf Dallau, weiter mit dem Bus. Fahrplanauskunft für Busse und Bahnen in Baden-Württemberg – die LöwenLine unter 01805 779966 (14 Ct./Min. aus dt. Festnetz/Mobilfunk abweichend) oder die elektronische Fahrplanauskunft über www.3-loewen-takt.de

Sammlungen und Museen

Das „Altensteigerle" von Altensteig

Ein Museum im romanischen Wohnturm

Das Stadtschloss in Altensteig reicht in den ältesten Teilen in die spätromanische Vergangenheit zurück. Seinen Kern bildet ein turmähnliches, mit einem Fachwerkaufbau bekröntes Steinhaus. In diesem einstigen Wohnturm ist heute ein Museum eingerichtet. Es verteilt sich auf vier der fünf Stockwerke. Im Erdgeschoss wird die Siedlungsgeschichte des mittleren Nagoldtals dargestellt. Das erste Obergeschoss zeigt ein Modell der Altensteiger Altstadt in der Zeit um 1740. Als Prunkstück gilt hier der Miniaturnachbau des „Altensteigerle", einer Schmalspurbahn, die von 1891 bis 1967 zwischen Altensteig und Nagold verkehrte. Zusätzlich werden alte Handwerksberufe vorgestellt. Die Räume im dritten Stockwerk demonstrieren mit ihrer Ausgestaltung, wie sich der Adel im Spätmittelalter wohnlich einzurichten pflegte. Der Altensteiger Besteckhersteller „Au-

erhahn“ erklärt, wie Messer und Gabeln entstehen. Auf der vierten Etage schließlich wird der seltene, für Altensteig typische Brauch des weihnachtlichen Fackelns erläutert. Eine adlige Familie von Altensteig wird erstmals im Jahr 1100 genannt. Anderthalb Jahrhunderte später sitzt der Pfalzgraf von Tübingen in Altensteig. Zu Anfang des 17. Jahrhunderts fällt die Herrschaft an den Herzog von Württemberg.

Ort: Altensteig, Landkreis Calw / CW
Lage: am Rand der Altensteiger Altstadt
Parken: im Stadtgebiet
Rollstuhl / Kinderwagen: nein
Geöffnet: mittwochs 14.00 – 16.00 Uhr, sonntags 14.00 – 17.00 Uhr, zu den Weihnachts- und Osterausstellungen mittwochs und samstags 14.00 – 17.00 Uhr, sonn- und feiertags 11.00 – 17.00 Uhr
Eintritt: frei mit Landesfamilienpass
Auskunft: Touristinfo Altensteig, Rathausplatz 1, 72213 Altensteig, Telefon 07453 94610, www.altensteig.de

Der löwenstarke Anreisetipp: Bf Nagold, weiter mit dem Bus. Fahrplanauskunft für Busse und Bahnen in Baden-Württemberg – die LöwenLine unter 01805 779966 (14 Ct./Min. aus dt. Festnetz/Mobilfunk abweichend) oder die elektronische Fahrplanauskunft über www.3-loewen-takt.de

Nur noch kostenlos ins Museum

Beispielhaft in der Kreisstadt Balingen

In der Kreisstadt Balingen am Fuß der Zollernalb ist vieles kostenfrei – jedenfalls die Besuche in den Museen und ihren Dauerausstellungen. In der Zehntscheuer sind sogar Sonderausstellungen oft kostenlos zu besichtigen. Ganz ohne Geld gibt's auch die Broschüre „Historischer Stadtrundgang", der alle sehenswerten Ziele in Balingen aufführt. Dass die doch recht zahlreich sind, verwundert eigentlich. Denn Balingen ist die Stadt mit den meisten Stadtbränden in Baden-Württemberg. Im Museum für Waage und Gewicht im Zollernschloss werden mehr als 400 Ausstellungsstücke zur Entwicklung der Wägetechnik von den Römern bis heute gezeigt. Das Heimatmuseum in der Zehntscheuer gewährt Einblick in Balingens Vergangenheit mit Stadt und Amt, Stadtbränden, Kirche, Handwerk, Landwirtschaft, Industrie, Kleidung und Wohnen, Geologie und Archäologie. Das Bauernmuseum im Rathaus Balingen-Ostdorf stellt bäuerliche Geräte aus.

Ort: Balingen, Zollernalbkreis / BL
Museum für Waage und Gewicht:
Geöffnet: mittwochs, freitags, sonntags und 1. Samstag im Monat 14.00 – 17.00 Uhr
Heimatmuseum:
Geöffnet: dienstags bis sonntags 14.00 – 17.00 Uhr
Bauernmuseum:
Geöffnet: nach Voranmeldung bei der Ortschaftsverwaltung Ostdorf, Rathausstraße 3, 72336 Balingen, Telefon 07433 21273
Auskunft: Stadtverwaltung Balingen, Amt für Familie, Bildung und Vereine, Friedrichstraße 67, 72336 Balingen,
Telefon 07433 170261, www.balingen.de

Der löwenstarke Anreisetipp: Df Tübingen, weiter mit der Bahn. Fahr planauskunft für Busse und Bahnen in Baden-Württemberg – die Löwen-Line unter 01805 779966 (14 Ct./Min. aus dt. Festnetz/Mobilfunk abweichend) oder die elektronische Fahrplanauskunft über www.3-loewen-takt.de

Die Mini-Narren im Schloss Bonndorf

Die Bonndorfer Narrenstuben

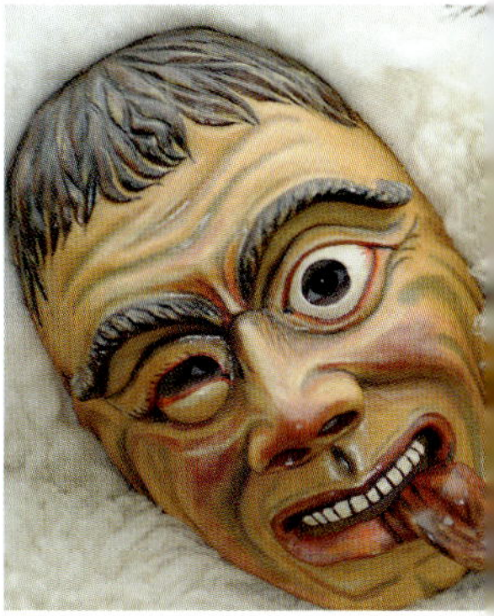

In den Jahren 1592 bis 1594 hat der Graf von Mörsberg an der Stelle einer älteren, niedergebrannten Anlage den Neubau „Schloss Bonndorf“ errichten lassen. Der Graf hat natürlich nicht ahnen können, dass eines Tags in seinem herrschaftlichen Gemäuer hunderte Narren unterschlüpfen würden. Theo Hany, Friseurmeister von Beruf und originellerweise an Fastnacht geboren, hat in jahrzehntelanger Arbeit eine erstaunliche Sammlung alemannischer Fasnetmasken und -figuren angelegt. Sie ist in Erdgeschoss und Kellergewölbe des Schlosses ausgestellt. Hany und seine Ehefrau Hedwig haben eigenhändig mehr als 400 lustig-witzig dreinblickende Miniatur-Fasnetfiguren angefertigt. Sie alle sind originalgetreue Nachbildungen der schönsten Fasnetgestalten aus dem Schwarzwald und dem Hegau, von der Baar, vom Hochrhein und vom Bodensee, aus dem Allgäu und aus Schwaben. Darüber hinaus hat Hany 333 handgeschnitzte Originalmasken aus der gesamten Fasnetlandschaft Südwestdeutschlands, aus der Schweiz und aus Tirol zusammengetragen. Sie füllen die Kellergewölbe des Schlosses, während die Mini-Narren das Erdgeschoss besetzt halten. In Hanys Narrenreich gehen Träume nicht nur von Fasnetnarren in Erfüllung. An dieser Sammlung hat jeder Besucher seine Freude.

Ort: Bonndorf, Landkreis Breisgau-Hochschwarzwald / FR
Lage: in der Ortsmitte
Parken: am Schloss Bonndorf
Rollstuhl / Kinderwagen: ja
Geöffnet: mittwochs bis sonntags 10.00 – 12.00 und 14.00 – 17.00 Uhr
Auskunft: Theo Hany, Brunnenstraße 2, 79848 Bonndorf, Telefon 07703 233 oder 8001 (privat), www.bonndorf.de

Der löwenstarke Anreisetipp: Fahrplanauskunft für Busse und Bahnen in Baden-Württemberg – die LöwenLine unter 01805 779966 (14 Ct./Min. aus dt. Festnetz/Mobilfunk abweichend) oder die elektronische Fahrplanauskunft über www.3-loewen-takt.de

Mit dem Hämmerchen auf Sauriersuche

Im Fosslienmuseum in Dotternhausen

Im Jahr 1989 ist das „Fossilienmuseum" in Dotternhausen als Teil des Werkforums am Zementwerk Holcim eröffnet worden. Das Werkforum ist Kommunikations- und Informationszentrum zu den Tätigkeiten des Unternehmens. Im angegliederten Museum sind sehr gut erhaltene, mehr als 180 Millionen Jahre alte Versteinerungen von Sauriern und Krokodilen, von Seelilien, Korallen, Ammoniten, Muscheln und Schwämmen ausgestellt. Gefunden wurden diese Fossilien in den Steinbrüchen von Dotternhausen. Dort wird der Ölschiefer abgebaut, der im Werk zu Zement verarbeitet wird. Die ausgestellten Versteinerungen zeigen den ganzen Reichtum und die Vielgestaltigkeit des Lebens im Jurameer. In der Zeit von 200 bis 150 Millionen Jahren vor heute – also 50 Millionen Jahre lang – bedeckte dieses Meer Süddeutschland und Teile des Mittelmeerraums. Die Ablagerungen am Meeresgrund bilden heute das Kalkgestein der Schwäbischen Alb. Vor dem Fossilienmuseum von Dotternhausen liegt ein kleiner „Klopfplatz". Auf ihm kann jeder selbst nach Fossilien suchen. Manches findet sich mit bloßem Auge, anderes muss erst mit dem Hämmerchen aus dem Stein herausgeklopft werden. Das ganze Jahr über kommen auch ernsthafte Sammler zum Klopfplatz in der Hoffnung, ein schönes Stück mitnehmen zu können.

Ort: Dotternhausen, Zollernalbkreis / BL
Lage: am Zementwerk
Parken: am Klopfplatz
Rollstuhl / Kinderwagen: ja
Geöffnet: *Klopfplatz*: immer frei zugänglich,
Fossilienmuseum: dienstags bis donnerstags 13.00 – 17.00 Uhr, sonn- und feiertags 11.00 – 17.00 Uhr
Auskunft: Holcim, 72359 Dotternhausen,
Telefon 07427 79211, www.werkforum.de

Der löwenstarke Anreisetipp: Bf Rottweil, weiter mit dem Bus. Fahrplanauskunft für Busse und Bahnen in Baden-Württemberg – die LöwenLine unter 01805 779966 (14 Ct./Min. aus dt. Festnetz/Mobilfunk abweichend) oder die elektronische Fahrplanauskunft über www.3-loewen-takt.de

Das Storchenbein im Museum
Mehr als 100 Jahre Märklin-Geschichte

Aus dem einstigen Märklin-Museum in Göppingen ist die „Märklin Erlebniswelt“ geworden. Auf mehr als 1 000 Quadratmetern Fläche gewährt sie umfassende Einblicke in die Firmengeschichte. Große Modellbahnanlagen spiegeln wirklichkeitsnah Themen aus der weiten Welt der Eisenbahnen. Güterzüge, Regionalexpress, Intercity, ICE rollen in Kinderaugenhöhe durch Bahnhöfe, Tunnels, über freies Land. Zu sehen

sind auch historische Modelle von Lokomotiven, Triebwagen, Personenwagen, Güterwaggons, Zubehör. Vom Jahr 1891 ist das „Storchenbein“, die erste von Märklin gefertigte Modellbahnlokomotive überhaupt und einer der vielen Anziehungspunkte in der Museumslandschaft. Gut 200 000 Besucher unternehmen jedes Jahr einen Rundgang durch die Ausstellung. Museum und Verkaufsräume sind unter einem Dach zusammengelegt: So kommt beides zusammen – das Staunen über die Welt der Modellbahnen und der Reiz zum Einkaufsbummel. Bestandteil der Erlebniswelt ist das Serviceangebot. Es umfasst die Marken Märklin, Trix und LGB, dazu entsprechendes Zubehör. Bei Bedarf nehmen Fachleute Funktionstests an mitgebrachten Modellen vor. Eine Werkstatt für Wartung und Reparatur mit großem Ersatzteillager ist eingerichtet.

Ort: Göppingen, Landkreis Göppingen / GP
Lage: Ecke Ulmer / Reutlinger Straße
Parken: am Museum
Rollstuhl / Kinderwagen: ja
Geöffnet: montags bis freitags 10.00 – 20.00 Uhr, samstags 10.00 – 18.00 Uhr, sonntags 11.00 – 18.00 Uhr
Auskunft: Märklin Erlebniswelt, Reutlinger Straße 2, 73037 Göppingen, Telefon 07161 608289, www.maerklin.de

Der löwenstarke Anreisetipp: Bf Göppingen, weiter mit dem Bus. Fahrplanauskunft für Busse und Bahnen in Baden-Württemberg – die Löwen-Line unter 01805 779966 (14 Ct./Min. aus dt. Festnetz/Mobilfunk abweichend) oder die elektronische Fahrplanauskunft über www.3-loewen-takt.de

Dutzende Grenzsteine im Geschichtsgarten

Die Steinsammler von Horb am Neckar

Im März 1979 haben die „Kleindenkmalfreunde Horb und Umgebung“ angefangen, Grenzsteine zu sammeln. Mehr als 60 dieser steinernen Geschichtszeugen befinden sich mittlerweile in ihrem Besitz. Sie sind im Freilichtmuseum „Steinerner Geschichtsgarten“ im Horber Stadtteil Hohenberg aufgestellt. Darunter sind große und

kleine Steine, Landes- und Gemeindegrenzsteine, Jagd- und Zehntsteine, Gemarkungsgrenzsteine, Fischsteine, Wald- und Flurgrenzsteine. Selbst Kilometersteine und trigonometrische Festpunkte haben die Kleindenkmalfreunde nicht verschmäht. Der älteste Stein des Freilichtmuseums wurde im Jahr 1549 aufgestellt. Er stand auf der Gemarkungsgrenze zwischen Horb und Rexingen. Der jüngste bisher umgesetzte Stein ist vom Jahr 1908 und markierte die Grenze der Königreiche Württemberg und Preußen. Grenzsteine tragen zu ihrer Identifizierung Markierungen wie Wappen, Buchstaben, Jahreszahlen. Grenzsteine ohne Erlaubnis zu versetzen, gilt seit je als strafbares Vergehen. Die versammelten Horber Grenzsteine durften nur umgesetzt werden, weil sie ihre ursprüngliche Funktion seit Langem verloren hatten. Vom Geschichtsgarten bietet sich ein schöner Ausblick auf die Stadt Horb und hinaus ins Neckartal.

Ort: Horb am Neckar, Landkreis Freudenstadt / FDS
Lage: Kreuzkapellenberg im Stadtteil Hohenberg
Parken: Kreuzerstraße
Rollstuhl / Kinderwagen: ja
Geöffnet: immer frei zugänglich, Beschreibung in der Stadtinformation
Auskunft: Stadtinformation Horb am Neckar, Marktplatz 12, 72160 Horb a. N., Telefon 07451 9010, www.horb.de

Der löwenstarke Anreisetipp: Bf Horb, weiter mit dem Bus. Fahrplanauskunft für Busse und Bahnen in Baden-Württemberg – die LöwenLine unter 01805 779966 (14 Ct./Min. aus dt. Festnetz/Mobilfunk abweichend) oder die elektronische Fahrplanauskunft über www.3-loewen-takt.de

Der Höhlenbär ist ausgestorben

Sein Skelett steht im Höhlenmuseum

Die Laichinger Tiefenhöhle ist die einzige Schachthöhle Deutschlands, in die Besucher einsteigen können. Über eiserne Treppen geht es bis in Tiefen um 55 Meter in den Untergrund der Schwäbischen Alb. Dieser Besuch kostet Eintritt. Kostenfrei ist das neben dem Höhleneingang eingerichtete „Höhlenkundliche Museum Laichingen". Es besteht aus einem mittelgroßen Raum. In ihm wird auf Schautafeln und in Vitrinen Höhlenkunde leicht verständlich erklärt. Am Modell wird gezeigt, wie die unterirdische Karstlandschaft der Schwäbischen Alb entstanden ist – ein ausgehöhltes, durchlöchertes, zerklüftetes Kalksteingebirge. Letztlich bildet die Alb ein versteinertes Riff aus der Jurazeit, entstanden im Meer vor mehr als 150 Millionen Jahren. Unterschiedliche Höhlentypen werden im Museum beschrieben – darunter Wasserhöhle, Schachthöhle, fossile Höhle. Auch der Inhalt der Höhlen wie Wasser, Ablagerungen, Tropfsteine, Verstürze wird dargestellt. Ein Film von zwölf Minuten Dauer zeigt die Unterwelt der Alb. Aufgestellt ist in dem Raum das riesige Skelett eines ausgewachsenen, gut dreieinhalb Meter großen Höhlenbären. Außerhalb des Museums liegt neben dem Höhlenrasthaus ein großer, gut ausgestatteter Kinderspielplatz. Eine Grillstelle samt Hütte ist auch dabei.

Ort: Laichingen, Alb-Donau-Kreis / UL
Parken: am Parkplatz Tiefenhöhle
Rollstuhl / Kinderwagen: ja
Geöffnet: Karfreitag bis Ende der Herbstferien in Baden-Württemberg täglich 9.00 – 18.00 Uhr
Auskunft: Höhlen- und Heimatverein Laichingen, Gartenstraße 30, 89150 Laichingen, Telefon 07333 5586, www.tiefenhoehle.de

Der löwenstarke Anreisetipp: Bf Laichingen. Fahrplanauskunft für Busse und Bahnen in Baden-Württemberg – die LöwenLine unter 01805 779966 (14 Ct./Min. aus dt. Festnetz/Mobilfunk abweichend) oder die elektronische Fahrplanauskunft über www.3-loewen-takt.de

Schwarzer Peter einmal monatlich

Im Spielkartenmuseum Leinfelden-Echterdingen

Seit 1982 besteht in Leinfelden-Echterdingen das Deutsche Spielkartenmuseum. Es wird als Zweigmuseum des Landesmuseums Württemberg geführt. Die Geschichte des Museums beginnt allerdings bereits im frühen 20. Jahrhundert. Im thüringischen Altenburg hatte der Spielkartenhersteller ASS schon 1923 eine erste Spielkartensammlung aufgebaut. Innerhalb weniger Jahre waren mehr als 6 000 Kartenspiele aus allen Epochen und vielen Ländern der Erde nebst allerlei Zubehör einschließlich einer Druckerwerkstatt zusammengetragen worden. Die komplette Sammlung ging am Ende des Zweiten Weltkriegs verloren, sie war als Beutegut nach Russland abtransportiert worden. In der Bundesrepublik Deutschland baute die nun in Stuttgart ansässige Spielkartenfirma ASS eine neue Sammlung auf. Sie übernahm 1972 das Deutsche Spielkartenmuseum Bielefeld. Heute gilt das Leinfelden-Echterdinger Museum als größte öffentliche Spielkartensammlung Europas. Sie zählt mehr als 15 000 Kartenspiele mit gut einer halben Million Einzelkarten. Auch Kartenpressen, Druckstöcke, kunstgewerbliche Gegenstände, eine Grafiksammlung gehören dazu. Das Museum veranstaltet Sonderausstellungen und richtet einmal monatlich freitags einen Spielenachmittag für Kinder ab 6 Jahren ein.

Ort: Leinfelden-Echterdingen, Landkreis Esslingen / ES
Lage: in Leinfelden nahe der Schönbuchschule
Parken: am Museum
Rollstuhl / Kinderwagen: ja
Geöffnet: donnerstags bis samstags 14.00 – 17.00 Uhr, sonn- und feiertags 11.00 – 17.00 Uhr
Auskunft: Deutsches Spielkartenmuseum, Schönbuchstraße 32, 70771 Leinfelden-Echterdingen, Telefon 0711 7560120, www.spielkartenmuseum.de

Der löwenstarke Anreisetipp: Bf Leinfelden, weiter zu Fuß. Fahrplanauskunft für Busse und Bahnen in Baden-Württemberg – die LöwenLine unter 01805 779966 (14 Ct./Min. aus dt. Festnetz/Mobilfunk abweichend) oder die elektronische Fahrplanauskunft über www.3-loewen-takt.de

Der Bassist im Museum

In der Gottlob-Frick-Gedächtnisstätte

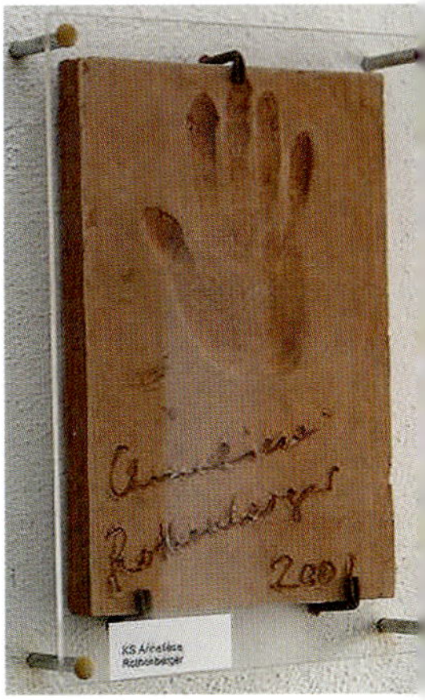

Am 18. August 1994 ist der große deutsche Sänger Gottlob Frick gestorben. Schon im Jahr darauf gründete ein Freundeskreis die Gottlob-Frick-Gesellschaft. Ziel der Vereinigung ist, das künstlerische Schaffen des weit über Deutschlands Grenzen hinaus bekannt gewordenen Bassisten und das Andenken an sein Leben und Wirken zu bewahren. Auch werden junge Künstler von der Gesellschaft gefördert. Im Rathaus der Kleinstadt Ölbronn, Fricks Geburtsort, unterhalten die Freunde des Sängers die „Gottlob-Frick-Gedächtnisstätte", die 1997 eröffnet wurde. In ihr werden Leben und Leistung des Sängers in Texten, Tondokumenten und Bildern vorgestellt. Der Besucher erhält zudem Einblick in die Welt der Oper. Ein „Gästebuch" besonderer Art bilden die in Ton geformten Handabdrücke bedeutender Persönlichkeiten wie Theo Adam, Inge Borkh, Anneliese Rothenberger, René Kollo – lauter Sänger wie Frick selbst. Gottlob Frick wurde am 28. Juli 1906 als dreizehntes und jüngstes Kind eines Försters in Ölbronn im heutigen Enzkreis geboren. Sein Talent wurde früh erkannt und gefördert. Als Bassist war Frick Mitglied der Dresdner Staatsoper. Er sang an den Staatsopern in Berlin, Hamburg, München, Wien, Stuttgart. Berühmt wurde er vor allem als Wagner-Interpret.

Ort: Ölbronn, Enzkreis / PF
Lage: Die Gedächtnisstätte ist im Rathaus Ölbronn eingerichtet.
Parken: im Ort
Rollstuhl / Kinderwagen: nein, Hilfe wird aber angeboten
Geöffnet: 1. und 3. Sonntag 13.00 – 17.00 Uhr und nach Vereinbarung
Auskunft: Gottlob-Frick-Gedächtnisstätte, Rathaus Ölbronn, Obere Steinbeisstraße 1, 75248 Ölbronn-Dürrn, Telefon 07237 4220 oder 07043 8341, www.gottlob-frick-gesellschaft.de

Der löwenstarke Anreisetipp: Bf Eutingen, weiter mit dem Bus. Fahrplanauskunft für Busse und Bahnen in Baden-Württemberg – die LöwenLine unter 01805 779966 (14 Ct./Min. aus dt. Festnetz/Mobilfunk abweichend) oder die elektronische Fahrplanauskunft über www.3-loewen-takt.de

In der Höhle des Löwenmenschen

Eins der ältesten Kunstwerke der Menschheit

Das Ulmer Museum besitzt eins der ältesten bekannten Kunstwerke der Menschheitsgeschichte. Die gut 30 Zentimeter hohe Figur eines aus Mammutelfenbein geschnitzten, aufrecht stehenden „Löwenmenschen" wurde vor mehr 30 000 Jahren von einem Eiszeitkünstler angefertigt. Das Kunstwerk, das einen menschenähnlichen Körper mit einem Löwenkopf darstellt, wurde 1939 in der Höhle „Hohlenstein" am Rande des Lonetals auf der Schwäbischen Alb entdeckt. Nicht weit entfernt liegt heute die Ausflugsgaststätte „Schlössle Lindenau". In einem Schuppen des zugehörigen Bauernhofs ist 2008 eine verkleinerte Nachbildung der „Höhle des Löwenmenschen" eingerichtet worden. Ein kurzer Film zeigt in dem Kleinmuseum, wo und wie die Figur im „Hohlenstein" ausgegraben wurde und was mit ihr seither geschah. Ausgestellt sind in der künstlichen Höhle auch Werkzeuge und Schmuck aus der Zeit vor 30 000 Jahren. Demonstriert wird, wie der Löwenmensch mit rasierklingenscharfen Feuersteinmesserchen aus einem Mammutstoßzahn geschnitzt wurde.

Der Fundort des Löwenmenschen, der Hohlenstein, liegt gleich hinter dem Gasthaus Lindenau. Gute zehn Minuten sind es auf dem Wanderweg hinunter ins Lonetal. Dort zeigen sich unten rechts im Waldrand die beiden großen Öffnungen des Hohlenstein.

Ort: Rammingen, Alb-Donau-Kreis / UL
Lage: Wegweisern „Schlössle Lindenau" ab Rammingen folgen
Parken: am Gasthaus „Schlössle Lindenau"
Rollstuhl / Kinderwagen: ja zum Schlössle, nein zum Hohlenstein
Geöffnet: „Höhle des Löwenmenschen": dienstags bis sonntags 10.00 – 18.00 Uhr, der Hohlenstein ist immer frei zugänglich, allerdings vergittert. Zu sehen ist aber genug.
Auskunft: Bürgermeisteramt Rammingen, Rathausgasse 7, 89192 Rammingen, Telefon 07345 91250, www.rammingen-bw.de

Der löwenstarke Anreisetipp: Fahrplanauskunft für Busse und Bahnen in Baden-Württemberg – die LöwenLine unter 01805 779966 (14 Ct./Min. aus dt. Festnetz/Mobilfunk abweichend) oder die elektronische Fahrplanauskunft über www.3-loewen-takt.de

32 000 Jahre alter Löwenmensch

Im archäologischen Kabinett des Ulmer Museums

Die Anfänge des Ulmer Museums liegen im 17. Jahrhundert. Der wohlhabende Kaufmann Christoph Weickmann hatte sich eine „Kunst- und Naturalkammer“ eingerichtet. Darin trug er zusammen, was unter den Mitmenschen seiner Umgebung Staunen und Verwunderung auslösen musste. Seine „Wunderkammer“ enthielt Waffen und Gebrauchsgegenstände der entlegensten Weltgegenden, von Völkern, deren Lebensbedingungen sich in Ulm und Württemberg damals kaum jemand vorstellen konnte. Dazu kamen Muscheln und Münzen, auch mancherlei Kuriosität. Weitsicht bewies Weickmann damit, dass er seine Sammlung schon 1655 in einem Katalog erfasste und sie Besuchern öffnete. Teile dieser Kunst- und Naturalkammer sind im 1925 eröffneten Ulmer Museum enthalten. Dessen Sammlungen gliedern sich in die Abteilungen Archäologie, Ulmer Stadtgeschichte, Kunsthandwerk. Sie erfassen Eiszeitkunst, Spätgotik, Barock und Moderne. Ein Ausnahmeprojekt bildet die Dauerausstellung mit dem 32 000 Jahre alten „Löwenmenschen“, eins der ältesten Kunstwerke der Menschheitsgeschichte. Neu eingerichtet wurde vor wenigen Jahren die Ausstellung zur „Hochschule für Gestaltung Ulm 1953 – 1968“. Moderne Kunst zeigt auch die benachbarte, über einen Steg mit dem Museum verbundene „Kunsthalle Weishaupt“.

Ort: Ulm, Stadtkreis Ulm / UL
Lage: Stadtmitte
Parken: Parkhaus am Rathaus
Rollstuhl / Kinderwagen: ja
Geöffnet: dienstags bis sonntags 11.00 – 17.00 Uhr, freitags freier Eintritt zu den Dauerausstellungen, ohne Kunsthalle Weishaupt
Auskunft: Ulmer Museum, Marktplatz 9, 89073 Ulm, Telefon 0731 1614330, www.ulmer-museum.de

Der löwenstarke Anreisetipp: Hbf Ulm, weiter zu Fuß. Fahrplanauskunft für Busse und Bahnen in Baden-Württemberg – die LöwenLine unter 01805 779966 (14 Ct./Min. aus dt. Festnetz/Mobilfunk abweichend) oder die elektronische Fahrplanauskunft über www.3-loewen-takt.de

Bei Fuchs

und Has

Lauter bunte Vögel

Im Vogel- und Tierpark Crailsheim

Im Jahr 1975 hat der „Verein der Vogelliebhaber und -züchter" ein wenig außerhalb der 33 000 Einwohner zählenden Stadt Crailsheim seinen „Vogel- und Tierpark" eröffnet. Die Idee, eine bis dahin reine Zuchtanlage in einen öffentlich zugänglichen Park zu verwandeln, war den Vogelfreunden zwei Jahre zuvor gekommen. Doch dann dauerte es eine gute Weile, ehe nach ungezählten freiwilligen Arbeitsstunden der Vereinsmitglieder die gut 4 500 Quadratmeter große Anlage fertig gestellt war. Der Verein siedelte in ihr nicht nur seine Vögel an. Seit Längerem wohnen schon die beiden Ponys Micky und Al Bundy dort. Neu eingezogen sind im Frühjahr 2008 die Zwergziegen. Weiterhin beherbergt der kleine Zoo Hasen, Meerschweinchen und Schafe, dazu auch Pfauen, Enten, Fasane. Natürlich sind diesen munteren Bewohnern die besonderen Freunde der Vogelliebhaber, rund 250 Vögel, an Zahl weit überlegen. Als Vogelarten werden Sittiche, Exoten und Amazonen gehalten. Zum Park gehört ein Kinderspielplatz. In der „Villa" ist eine kleine Gaststätte mit Biergarten eingerichtet, die an Sonn- und Feiertagen bei gutem Wetter bewirtet ist. Einen zusätzlichen Reiz des Parks macht die schöne Aussicht über die Stadt Crailsheim und ihre nächste Umgebung aus.

Ort: Crailsheim, Landkreis Schwäbisch Hall / SHA
Lage: an der Beuerlbacher Straße
Parken: Parkplätze 300 m nach dem Ortsende und am Park
Rollstuhl / Kinderwagen: ja
Geöffnet: Mai bis Mitte Oktober täglich 10.00 – 18.00 Uhr
Auskunft: Karl-Heinz Munzinger, Richard-Strauß-Straße 29, 74564 Crailsheim, Telefon 07951 23597, www.crailsheim.de

Der löwenstarke Anreisetipp: Bf Crailsheim, weiter mit dem Bus. Fahrplanauskunft für Busse und Bahnen in Baden-Württemberg – die Löwen-Line unter 01805 779966 (14 Ct./Min. aus dt. Festnetz/Mobilfunk abweichend) oder die elektronische Fahrplanauskunft über www.3-loewen-takt.de

Zu Federtier und Borstenspeck

Die Lochmühle in Eigeltingen

Die vor gut 400 Jahren gegründete Lochmühle in Eigeltingen in der Vulkanlandschaft des Hegau ist zunächst mal ein Wirtshaus. Aber auf dem riesigen Grundstück hat sein Besitzer eine ungeheure Menge an Sehens- und Betastenswertem eingerichtet und zusammengetragen. Bäche plätschern und kleine Brunnen. Wasserräder drehen sich. Fische tummeln sich in ihren Becken. Enten, Gänse, Hühner und viel anderes Federgetier läuft frei umher. Der Pfau richtet seinen wunderbaren Federschweif auf. Schweine wälzen sich in Wasserpfützen. Kaninchen hoppeln durchs Gehege. Im kostenlosen Streichelzoo warten weitere Tiere auf Besuch. Auf dem kleinen See fahren Tretboote umher. Im Frühjahr 2009 ist eine komplett neue Spielelandschaft hinzugekommen. Auch Museumsstücke hat der Besitzer auf den Hof geholt. Historische Traktoren, Trecker und Bulldozer stehen im Gelände und in Scheunen, rollen auch schon mal – viel Staub aufwirbelnd – auf dem Hof umher. Kutschen aller Bauarten und Verwendungszwecke sind ausgestellt und aufgehängt. Sogar Schlitten jeder Art und Größe sind dabei. Das alles sind Museumsstücke, die aber letztlich doch kein gewöhnliches Museum ausmachen. Alles ist frei zugänglich, kann angefasst, gestreichelt, liebkost, gehätschelt werden. Das braucht viel Zeit.

Ort: Eigeltingen, Landkreis Konstanz / KN
Lage: am Ortsrand
Parken: an der Lochmühle
Rollstuhl / Kinderwagen: ja
Geöffnet: immer frei zugänglich zwischen 10.00 und 18.00 Uhr
Auskunft: Lochmühle, Hinterdorfstraße 44, 78253 Eigeltingen, Telefon 07774 93930, www.lochmuehle-eigeltingen.de

Der löwenstarke Anreisetipp: Bf Engen, weiter mit dem Bus. Fahrplanauskunft für Busse und Bahnen in Baden-Württemberg – die LöwenLine unter 01805 779966 (14 Ct./Min. aus dt. Festnetz/Mobilfunk abweichend) oder die elektronische Fahrplanauskunft über www.3-loewen-takt.de

Die Hexe wacht am Hexenring

Im Zauberwald von Fichtenau

Ein mächtiges aus Holz geschnitztes, von hölzernen Zauberern bewachtes Tor öffnet den Weg in den Zauberwald. Alle, die hindurchgehen, fühlen sich in eine andere Welt versetzt. Eine Gegend voll wundersamer Geschöpfe erstreckt sich da. Hier fordern Blütensessel zum Hineinsitzen auf. Dort halten Feen und Trolle, Zwerge und Raupen die Zaubergegend besetzt. Die Hexe bewacht den Hexenring aus riesenhaften Pilzen. Der Zauberlehrling darf nur springen, wenn er die Hexe um Erlaubnis fragt. Der Stern aus lauter Raupen kann sogleich bestiegen werden – Gelegenheit zum Balancieren. Sogar die sieben Zwerge sind da und feiern ihr Zwergenfest. Mehr als 80 große und kleine, aus festem Holz gehauene und geschnitzte Skulpturen sind im Wald versammelt. Ein zauberhafter, hier und da wohl auch ein etwas geheimnisvoller Ort. Mit viel Fantasie sind Kunst und Natur zusammengeführt. Den Ratschlag des Bürgermeisters von Fichtenau möchte jeder gern beherzigen: „Mit einem Lächeln und nettem Worte tritt durch die Zauberpforte." Eine Empfehlung für alle, die es nicht grad eilig haben, halten auch die Zauberer bereit: „Feen, Trolle, Zwerge sind im Wald verborgen. Siehst Du sie nicht heute, dann suche sie doch morgen." Den still beobachtenden Troll im Gebüsch wird der morgige Besuch erfreuen.

Ort: Fichtenau, Landkreis Schwäbisch Hall / SHA
Lage: am Nordrand des Ortsteils Wildenstein
Parken: Wanderparkplatz am Promenadenweg
Rollstuhl / Kinderwagen: nein
Geöffnet: immer frei zugänglich
Auskunft: Bürgermeisteramt Fichtenau, Hauptstraße 2, 74579 Fichtenau, Telefon 07962 8920, www.fichtenau.de

Der löwenstarke Anreisetipp: Bf Crailsheim, weiter mit dem Bus. Fahrplanauskunft für Busse und Bahnen in Baden-Württemberg – die Löwen-Line unter 01805 779966 (14 Ct./Min. aus dt. Festnetz/Mobilfunk abweichend) oder die elektronische Fahrplanauskunft über www.3-loewen-takt.de

Tierpark der Nutz- und Haustiere
Im Mundenhof bei Freiburg

Seit 1968 liegt am westlichen Stadtrand Freiburgs der 38 Hektar große „Naturerlebnispark Mundenhof". Er gibt rund 350 Haus- und Nutztieren aus aller Welt eine Heimat. Die Gehege stehen jeweils für bestimmte Länder oder auch einen ganzen Kontinent. Aus Europa kommen Esel, Rinder, Wollschweine, Zackelschafe, aus Afrika Strauße und Wasserbüffel, aus Asien Kamele, Yaks und Ziegen. Nordamerika ist mit Pferden und Steppenbisons vertreten, Südamerika mit Nandus und Lamas. Die Dreiländerregion Freiburg repräsentieren Ziegen aus dem Schweizer Wallis, Esel aus Frankreich, Rinder aus dem Schwarzwald. In der exotischen Mitte des Parks haben Bären, Erdmännchen, Javaner- und Gibbonaffen ihr Zuhause.

Auch ein Vogelhaus gehört zum Mundenhof. Eine Attraktion und einen lebhaften Kontrast zu den Freigehegen bildet das Aquarium mit Süß- und Salzwasserbecken des Aquarienvereins Freiburg. Ein Erlebnis ist es, die Tierpfleger auf ihrer täglichen Fütterungsrunde durch die Gehege zu begleiten. Es gibt zwei naturnah angelegte Spielplätze und einen großen begehbaren Spieldrachen, dazu Plätze im Gelände zum Rasten und fürs Picknick. Das hügelige Gelände bietet weite Aussichten zum Schwarzwald hinüber und auf den Kaiserstuhl.

Ort: Freiburg im Breisgau / FR
Lage: A5, Abfahrt Freiburg-Mitte, Richtung Freiburg-Lehen, Beschilderung
Parken: am Mundenhof, Parkgebühr: 5 €
Rollstuhl / Kinderwagen: ja
Geöffnet: immer frei zugänglich, Parkschein nicht als Eintrittskarte nötig
Auskunft: Naturerlebnispark Mundenhof, Mundenhof 37, 79111 Freiburg, Telefon 0761 2016580, www.freiburg.de

Der löwenstarke Anreisetipp: Hbf Freiburg, weiter mit Bahn und Bus. Fahrplanauskunft für Busse und Bahnen in Baden-Württemberg – die Löwen-Line unter 01805 779966 (14 Ct./Min. aus dt. Festnetz/Mobilfunk abweichend) oder die elektronische Fahrplanauskunft über www.3-loewen-takt.de

Familie Wildschwein wohnt am Schlossberg

Wildpark Eichert in Heidenheim an der Brenz

Im Jahr 1974 wurde im Stadtwald auf dem Heidenheimer Schlossberg der mehr als 30 Hektar große Wildpark Eichert angelegt. Besucher des städtischen Parks können zwischen einem kürzeren und einem längeren Rundwanderweg wählen. In den großen Freigehegen leben Damwild, Rothirsch, Sikawild, Steinbock und Wildschwein, dazu das ursprünglich auf der Mittelmeerinsel Korsika heimische Mufflon. In einer ausgedehnten Seenlandschaft tummeln sich Enten

und Fasane, Gänse und Hühner. Tafeln an Wegen und Gehegen berichten über die Tiere, über die Waldlandschaft, über die Ökologie am Eichert. Aus der früheren Fichtenmonokultur ist ein ortstypischer Buchenmischwald entwickelt worden. Umgestürzte Bäume werden nicht abgeräumt. Sie bleiben liegen und bilden mit ihrem Dickicht aus Ästen und Zweigen das notwendige Rückzugsgebiet der Tiere in den Gehegen. Dennoch sind sie zu finden – die lautstarke Wildschweinfamilie, der selbstbewusst über sein Rudel wachende Hirsch, Gams und Steinbock auf ihren Kletterfelsen. Von diesen Kanten sollen sich vor Jahr-

hunderten Ritter Hermann von Herwartstein und Berta von Hellenstein in den Abgrund gestürzt haben. Den Liebenden war die Heirat verboten worden, erzählt die Sage. Im Eichert liegt ein großer Spielplatz mit Grillstelle.

Ort: Heidenheim, Landkreis Heidenheim / HDH
Lage: auf dem Schlossberg
Parken: am Wildpark
Rollstuhl / Kinderwagen: ja
Geöffnet: immer frei zugänglich
Auskunft: Tourist-Information, Hauptstraße 34, 89522 Heidenheim, Telefon 07321 3274910, www.heidenheim.de

Der löwenstarke Anreisetipp: Bf Heidenheim, weiter zu Fuß. Fahrplanauskunft für Busse und Bahnen in Baden-Württemberg – die LöwenLine unter 01805 779966 (14 Ct./Min. aus dt. Festnetz/Mobilfunk abweichend) oder die elektronische Fahrplanauskunft über www.3-loewen-takt.de

500 Pferde fast auf einen Blick

Im Haupt- und Landgestüt Marbach

Im 16. Jahrhundert wurde das Haupt- und Landgestüt Marbach am Beginn des „Großen Lautertals“ auf der Schwäbischen Alb als Hofgestüt der Herzöge von Württemberg gegründet. Es ist damit das älteste unter den bestehenden Staatsgestüten in Deutschland. Mehr als 500 Pferde der Rassen Deutsches Reitpferd, Schwarzwälder Kaltblut und Vollblutaraber werden in Marbach auf Koppeln und in Ställen gehalten. Der Rundgang durchs weitläufige Gestütsgelände am Hang über dem Lautertal beginnt gleich hinter dem schmiedeeisernen Hoftor am historischen Stutenbrunnen, Wahrzeichen des Gestüts. Sieben große Ställe stehen Besuchern offen. Der Weg führt, mal mehr mal weniger steil, immerzu bergan. Oben liegen die Koppeln mit den freilaufenden Stutenherden – Höhepunkt jedes Gestütsbesuchs. Dort können Besucher auch gleich mal ausprobieren, ob ihnen denn die meist noch etwas tapsig umherstaksenden Fohlen die selbst gezupften Grasbüschel aus der Hand fressen. In der frühgotischen ehemaligen Klosterkirche im Gomadinger Ortsteil Offenhausen ist das Gestütsmuseum eingerichtet. Es zeigt – gegen Gebühr – die Geschichte des Haupt- und Landgestüts Marbach und die Entwicklung der Pferdezucht in Baden-Württemberg. Für kleine Leute bis 14 Jahre gibt es „Julmonds Marbach Kinderclub“.

Ort: Gomadingen-Marbach, Landkreis Reutlingen / RT
Lage: an der L 249 Gomadingen – Hayingen
Parken: gegenüber dem Gestüt
Rollstuhl / Kinderwagen: ja
Geöffnet: täglich 8.00 – 17.00 Uhr
Auskunft: Haupt- und Landgestüt Marbach, 72532 Gomadingen-Marbach, Telefon 07385 96950, www.gestuet-marbach.de

Der löwenstarke Anreisetipp: Bf Marbach, weiter zu Fuß. Fahrplan. auskunft für Busse und Bahnen in Baden-Württemberg – die LöwenLine unter 01805 779966 (14 Ct./Min. aus dt. Festnetz/Mobilfunk abweichend) oder die elektronische Fahrplanauskunft über www.3-loewen-takt.de

Hoch- und Niederwild im Gehege

Der Wildpark Meßstetten

Seit 1972 besteht am Rande des Großen Heubergs auf der Schwäbischen Alb das „Wildgehege Meßstetten". Es wurde von einer Bürgerinitiative angeregt und geplant. Die knapp 11 000 Einwohner zählende Stadt Meßstetten leistete Unterstützung. So leben jetzt im 20 Hektar großen Freigehege Hoch- und Niederwild einträchtig beieinander. Dazu lehrt das Wildgehege, dass Hochwild in früherer Zeit nur von Angehörigen des Hochadels gejagt werden durfte. Ihm gehörten die weltlichen und geistlichen Fürsten an wie Könige und Großherzöge, Erzbischöfe, Bischöfe, Kurfürsten, Herzöge, Land-, Pfalz- und Markgrafen. Sie zielten auf Rot- und Damwild, Sika-, Schwarz- und Muffelwild. Der niedrige Adel wie Barone, Ritter, Freiherren musste sich mit dem Schießen auf Feldhasen, Kaninchen, Rehe, Marder, Wiesel, Tauben, Graugänse und Fasanen begnügen.

Ganz nebenher wird dem Besucher des Wildgeheges eine knappe Einweisung in Baumkunde vermittelt. An Schönwetterwochenenden ist am Eingang ein Kiosk geöffnet. Ein großzügig ausgestatteter Kinderspielplatz mit Grillstelle ist auch da. Im Jahr 1978 wurde das Gehege mit einem Hauptpreis des Landes Baden-Württemberg für vorbildliche kommunale Bürgeraktionen ausgezeichnet.

Ort: Meßstetten, Zollernalbkreis / BL
Lage: 2 000 m östlich Meßstetten
Parken: am Eingang zum Wildgehege
Rollstuhl / Kinderwagen: ja
Geöffnet: immer frei zugänglich
Auskunft: Wildgehege Meßstetten, Ludwig-Uhland-Str. 25, 72469 Meßstetten, Telefon 07431 6764, www.wildgehege-messstetten.de

Der löwenstarke Anreisetipp: Bf Ebingen, weiter mit dem Bus. Fahrplanauskunft für Busse und Bahnen in Baden-Württemberg – die LöwenLine unter 01805 779966 (14 Ct./Min. aus dt. Festnetz/Mobilfunk abweichend) oder die elektronische Fahrplanauskunft über www.3-loewen-takt.de

Wisente zum Kindergeburtstag

Im Pforzheimer Wildpark

Am 6. Juli 1968 wurde auf einer Fläche von drei Hektar der „Pforzheimer Wildpark“ eröffnet. Zu besichtigen waren zunächst ein paar Wasservogelarten und einige Huftiere. Aber schon im folgenden

Jahr wurde der Park um eine ganz besondere Tierart bereichert. Aus Polen kamen die ersten Wisente nach Pforzheim. Seither bildet dies urtümliche, mächtige Geschöpf das Wappentier des Parks. Das Wisent, ein Wildrind, war ursprünglich in den Wäldern Europas und Asiens, aber auch in Nordafrika weit verbreitet. Es wird zwei Meter hoch, bis zu dreieinhalb Meter lang und gut 1 000 Kilogramm schwer. Das Pforzheimer Wildgehege ist bis heute auf 16,5 Hektar gewachsen und beherbergt nun eine große Schar wilder wie auch zahmer Tiere. Mehr als 400 Säugetiere, dazu auch Fische, Frösche, Lurche, Vögel aus verschiedenen Weltgegenden beleben den Park. Besonders munter geht es in den Monaten März bis Juni her, wenn der Nachwuchs geboren wird. Erst kommen die kleinen Mufflons und Wildschweine zur Welt. Ihnen folgen im April Steinbock und Gams, im Mai Storch, Sikawild, Ren, Rotwild, Elch und Wisent. Der Park führt eine Naturbildungsstätte und einen Kinderbauernhof. Tierpatenschaften können geschlossen, Kindergeburtstage gefeiert werden. Auch eine Ranger-Ausbildung gibt's für junge Leute.

Ort: Pforzheim / PF
Lage: im Hagenschießwald am südlichen Stadtrand
Parken: am Eingang zum Wildpark, Tiefenbronner Straße 100
Rollstuhl / Kinderwagen: ja
Geöffnet: immer geöffnet, Streichelzoo und Kinderbauernhof bis 18.00 Uhr
Auskunft: Wildpark-Förster, Schoferweg 106, 75175 Pforzheim, Telefon 07231 393328, www.pforzheim.de

Der löwenstarke Anreisetipp: Bf Pforzheim, weiter mit dem Bus. Fahrplanauskunft für Busse und Bahnen in Baden-Württemberg – die Löwen-Line unter 01805 779966 (14 Ct./Min. aus dt. Festnetz/Mobilfunk abweichend) oder die elektronische Fahrplanauskunft über www.3-loewen-takt.de

Tierfütterung am Kraichbach

Im Rotwildgehege Sternenfels

Am zehn Hektar großen Sternenfelser Rotwildgehege ist zweimal wöchentlich – dienstags und freitags – Fütterung. Ums Gehege herum läuft ein 6 Kilometer langer Rundwanderweg. Die Touristik-Agentur Sternenfels hält dazu ein Faltblatt bereit. Es zeigt die Wanderstrecke und erklärt ein paar Plätze im Wald, an denen der Weg vorüberführt. Ein Stück weit geht der Wanderer an der jungen „Kraich" entlang, die dem „Kraichgau" den Namen gibt und nach 50 Kilometern bei Hockenheim in den Rhein mündet. Am „Trinkwaldsee" geht's vorüber und über die „Eppinger Linien", eine Verteidigungsbasis gegen französische Truppeneinfälle im 17. Jahrhundert. Der Rot- oder Edelhirsch, teilt die Touristik-Agentur im Faltblatt mit, ist die größte Art seiner Familie in Mitteleuropa. Er kann eine Körperlänge bis zu zweieinhalb Meter erreichen und entwickelt ein weit ausladendes Geweih. Das riesige Verbreitungsgebiet des Rothirschs erstreckt sich von Westeuropa über ganz Asien bis hin nach Nordamerika. Sogar im nordafrikanischen Atlasgebirge leben Rothirsche. In alter Zeit wurden ihnen Zauberkräfte zugeschrieben. Das pulverisierte Hirschhorn sollte vor Schlangenbiss und bösem Zauber schützen.

Ort: Sternenfels, Enzkreis / PF
Lage: im Waldgelände südwestlich Sternenfels
Parken: am Friedhof im Kraichweg
Rollstuhl / Kinderwagen: nein
Geöffnet: ständig frei zugänglich, Fütterung dienstags und freitags 8.00 – 9.00 Uhr an der Hütte am Trinkwaldsee
Auskunft: Touristik-Agentur Sternenfels, Maulbronner Straße 26, 75447 Sternenfels, Telefon 07045 970555, www.sternenfels.de

Der löwenstarke Anreisetipp: Bf Mühlacker, weiter mit dem Bus. Fahrplanauskunft für Busse und Bahnen in Baden-Württemberg – die Löwen-Line unter 01805 779966 (14 Ct./Min. aus dt. Festnetz/Mobilfunk abweichend) oder die elektronische Fahrplanauskunft über www.3-loewen-takt.de

Durch den Wald mit Max, dem Fuchs

Auf dem Todtnauer Walderlebnispfad

Kreuz und quer durchs Waldgelände nördlich des Schwarzwälder Luftkurorts Todtnau führt der „Walderlebnispfad". Max, der Ferienlandfuchs, bietet sich an, kleine und große Leute zu begleiten. „Egal", sagt er, „ob du sieben oder siebenundsiebzig bist, ich werde jetzt immer nur Du zu Dir sagen." Dann macht sich Max mit seinen neuen Freunden auf den zweistündigen Waldspaziergang. Der Pfad ist nur drei Kilometer lang. Ausreichend Zeit also, an den elf Waldstationen alles anzugucken, auszuprobieren, zu erraten, was Max sich so ausgedacht hat. Los geht's mit dem „Wolfsgeheul". Dabei gibt es im Schwarzwald schon seit 500 Jahren keinen freilaufenden Wolf mehr. Aber hinhören schadet nicht. Vielleicht hört einer im tosenden Rauschen des wilden Wassers tatsächlich einen Wolf. Dann möchte Max wissen, in welchem Märchen ein Wolf vorkommt. Und die Fragerei geht weiter. Wie hoch ist dieser Baum da drüben? Wie alt sind diese drei Bäume hier nebenan? Wer ist das, der sich von Bucheckern, Knospen, Nüssen, Pilzen ernährt? Eine Menge Fragen, viele Antworten. Schließlich der „Pirschpfad", auf dem mindestens elf einheimische Waldbewohner erspäht werden sollen. Sind am Ende der Tour alle Fragen korrekt beantwortet, können die Waldläufer sich „Schlauer Fuchs" nennen.

Ort: Todtnau, Landkreis Lörrach / LÖ
Lage: nördlicher Ortsrand Todtnau
Parken: am Ende der Feldbergstraße unterm Denkmal
Rollstuhl / Kinderwagen: nein
Geöffnet: immer frei zugänglich
Auskunft: Tourismus GmbH Todtnauer Ferienland, Meinrad-Thoma-Straße 21, 79674 Todtnau, Telefon 07671 969695, www.todtnau.de

Der löwenstarke Anreisetipp: Bf Bärental, weiter mit dem Bus. Fahrplanauskunft für Busse und Bahnen in Baden-Württemberg – die LöwenLine unter 01805 779966 (14 Ct./Min. aus dt. Festnetz/Mobilfunk abweichend) oder die elektronische Fahrplanauskunft über www.3-loewen-takt.de

Über Stock und Stein....

Mit dem Mountainbike auf die Zollernalb

65 Kilometer über Stock und Stein

Im Herbst 2006 wurde auf der Zollernalb rund um Albstadt eine anspruchsvolle Mountainbikeroute erschlossen. Sie steht jedermann zur freien Nutzung zur Verfügung. Als Rundkurs führt sie über eine Strecke von 65 Kilometern. Sie kann jederzeit in einzelne größere oder kleinere Touren zerlegt werden – je nach persönlichen Fähigkeiten oder Wünschen. Steigungen und Gefälle wechseln etwa gleichmäßig ab. Einer anstrengenden Bergfahrt folgt in der Regel eine etwas geruhsamere Strecke in der Ebene oder gar bergab. Wird die ganze Runde gefahren, sind alles in allem 1 350 Höhenmeter zu überwinden. An den zehn Einstiegspunkten vermitteln Schautafeln einen Überblick über die Strecke. Zugleich wird auf Verhaltensregeln während des Befahrens hingewiesen. Vor allem auch darauf, dass alles auf eigene Gefahr geschieht. Der Rundkurs ist für Leistungssportler gleich gut geeignet wie für Anfänger. Nach Angaben der Stadtverwaltung Albstadt stellen sich jährlich mehr als 2 700 Hobbyfahrer der Herausforderung. Seit 1995 rollt einmal im Jahr der „Albstadt-LBS-Bike-Marathon" über große Teile der Amateurstrecke. In die Pedale treten dann immer auch international bekannte Mountainbiker. Mehr als 15 000 Zuschauer säumen die Strecke, die fast alle Stadtteile Albstadts berührt.

Ort: Albstadt, Zollernalbkreis / BL
Lage: nördlich des Stadtteils Ebingen
Parken: an den Einstiegspunkten
Rollstuhl / Kinderwagen: nein
Geöffnet: Der Rundkurs ist von April bis November frei zugänglich.
Auskunft: Tourist-Information, Marktstraße 35, 72458 Albstadt, Telefon 07431 1601204, www.albstadt.de

Der löwenstarke Anreisetipp: Bf Ebingen. Fahrplanauskunft für Busse und Bahnen in Baden-Württemberg – die LöwenLine unter 01805 779966 (14 Ct./Min. aus dt. Festnetz/Mobilfunk abweichend) oder die elektronische Fahrplanauskunft über www.3-loewen-takt.de

Vergangenheit für die Zukunft bewahren

Auf dem Kulturlandschaftspfad in Creglingen

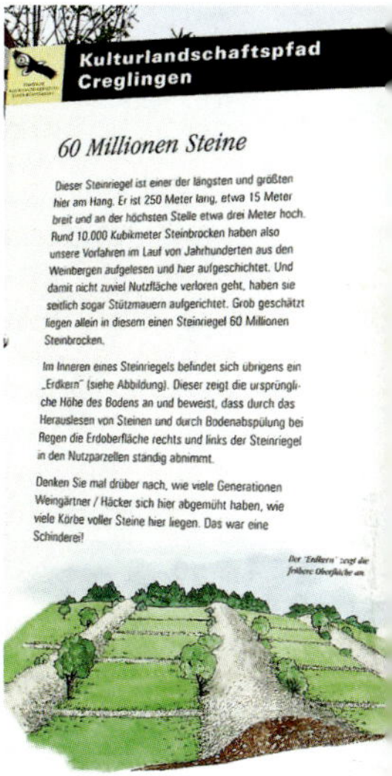

Im Jahr 2004 ist am Hang oberhalb von Creglingen der „Kulturlandschaftspfad" eröffnet worden. Er ist keiner der üblichen Lehrpfade, die Bäume, Blumen, Tiere erklären. Es geht um den Menschen und die von ihm im Lauf der Jahrhunderte geschaffene Kulturlandschaft. Auf 15 Schautafeln am Weg wird Schritt um Schritt erläutert, wie das Landschaftsbild am nordöstlichen Ortsausgang nach und nach durch menschliches Einwirken entstanden ist. Der Pfad führt durch altes, mühevoll von Hand angelegtes Bauern- und Weingärtnerland. Zum reinen Lebensunterhalt wird es nicht mehr benötigt. Es droht verlorenzugehen, wird es nicht wie früher unterhalten und gepflegt. Die Natur holt sich ihr Land zurück. Damit aber wäre nicht nur ein bedeutsames Stück Kulturlandschaft verloren. Auch das Erinnern an die Leistung früherer Generationen wäre dahin. Daher ist der Kulturlandschaftspfad wichtig. Er führt an alten Steinriegeln entlang mit ihren Millionen Lesesteinen, an Muschelkalkmauern vorüber, auf alten Wegen, die einst Bauern und Wengerter begingen, auf denen ihre von Kuh und Ochs gezogenen Leiterwagen rollten. Der knapp zweieinhalb Kilometer lange Pfad ist als Grasweg angelegt und mit stabilen Halbschuhen gut zu begehen. Zwei Stunden Zeit mögen reichen, eine Rast eingeschlossen.

Ort: Creglingen, Main-Tauber-Kreis / TBB
Lage: am nordöstlichen Ortsausgang
Parken: an der Touristinformation
Rollstuhl: nein / **Kinderwagen**: ja, falls geländegängig
Geöffnet: immer frei zugänglich
Auskunft: Touristinformation Creglingen, Bad Mergentheimer Straße, 97993 Creglingen, Telefon 07933 631, www.creglingen.de

Der löwenstarke Anreisetipp: Bf Weikersheim, weiter mit dem Bus. Fahrplanauskunft für Busse und Bahnen in Baden-Württemberg – die Löwen-Line unter 01805 779966 (14 Ct./Min. aus dt. Festnetz/Mobilfunk abweichend) oder die elektronische Fahrplanauskunft über www.3-loewen-takt.de

Wasser fördern mit der Archimedischen Spirale

Auf dem Barfußpfad von Dornstetten

„Tun Sie, was schon Ihre Vorfahren taten“, werben die Leute im Dornstetter Stadtteil Hallwangen, „gehen Sie mal wieder barfuß.“ Es sei ganz einfach, es den Ahnen gleichzutun. Schuhe und Strümpfe weg und raus auf den 1999 von den Hallwangern angelegten BarfußPark. Die Runde für die entblößten Füße ist knapp 2,5 Kilometer lang. Es geht, wie sich das geziemt, gehörig über Stock und Stein, durch Gras und Wasser, über Rindenmulch und durch tiefen Lehm. Sogar Scherben werden mit Füßen getreten. Der Weg durch den Park ist voller Abwechslung. Mal wird es richtig kalt an den Fußsohlen. Dann fühlt es sich wieder warm an, mal trocken, mal feucht, fast immer aber angenehm, anregend, belebend. Das Element Wasser kommt auf dem Weg immer wieder vor – mal am Matschtisch, dann am Fontänenhüpfer, in der Archimedischen Spirale, in der Furt durch einen natürlichen Tümpel, schließlich im altbewährten Kneipp'schen Wassertretbecken. „Zeig her deine Füße, und ich sage dir, wo du warst“, versprechen sie in Hallwangen. Das ist leicht getan. Die schwarzen Füße gibt's im BarfußPark gratis. Am Ende sind sie richtig gut durchblutet und wollen nur noch gewaschen werden. Wasser ist genug da. Die Hallwanger halten ihren BarfußPark für den ersten seiner Art in Baden-Württemberg. Tiere dürfen nicht hinein.

Ort: Dornstetten-Hallwangen, Landkreis Freudenstadt / FDS
Lage: im Stadtteil Hallwangen am Ende des Mühlwegs
Parken: gegen Gebühr am BarfußPark
Rollstuhl / Kinderwagen: nein
Geöffnet: 1. Mai bis 15. Oktober täglich 9.00 – 18.00 Uhr
Auskunft: Tourist-Information / Kulturamt Dornstetten, Marktplatz 2, 72280 Dornstetten, Telefon 07443 962030, www.barfusspark.de

Der löwenstarke Anreisetipp: Bf Dornstetten, weiter mit dem Bus. Fahrplanauskunft für Busse und Bahnen in Baden-Württemberg – die Löwen-Line unter 01805 779966 (14 Ct./Min. aus dt. Festnetz/Mobilfunk abweichend) oder die elektronische Fahrplanauskunft über www.3-loewen-takt.de

Abwechslung für Geist und Sinne

Auf dem „Erleb-dich-Pfad" in Hechingen

In Hechingen führt der Barfußpfad sogar einen eigenen Namen. „Erleb-dich-Pfad“ wird er genannt, ist 900 Meter lang und liegt im Feilbachtal nah dem Hechinger Kreiskrankenhaus. Seine verschiedenen Abschnitte bestehen zum großen Teil aus Naturboden, der immer wieder von ganz unterschiedlichen Materialien abgelöst wird. Streckenweise ist er mit Sand, Splitt und Rollkies, mit Rindenmulch, Bodenplatten und sogar Tannenzapfen belegt. Auch Korken kommen vor und verschiedene Holzarten. Schließlich gibt's sogar einen richtigen Sumpf. Das alles wird natürlich wie auf jedem richtigen Barfußpfad mit bloßen, nackten Füßen abgegangen. Mal juckt, mal kratzt, mal streichelt es an den Fußsohlen. Andere Sinne werden von Sträuchern, Buschwerk, einem Duftbeet angesprochen. Ein Balancierbalken fordert das Gleichgewichtsgefühl heraus. Zusätzlich gibt es den „Vitalzirkel“. An seinen acht Stationen muntert er geistige und körperliche Fähigkeiten auf, regt dazu an, Bewegung und Entspannung im Lot zu halten. Alle wichtigen Muskelgruppen werden eingesetzt. Die Muskulatur wird gekräftigt. Verspannungen lösen sich. Der Vitalzirkel, heißt es in Hechingen, stärkt den Körper, entlastet die Wirbelsäule, stabilisiert die Gelenke. Letztlich soll er von Schmerzen befreien.

Ort: Hechingen, Zollernalbkreis / BL
Lage: Feilbachtal am Krankenhaus
Parken: in der Weilheimer Straße
Rollstuhl / Kinderwagen: nein
Geöffnet: frei zugänglich,
Fußwaschanlage: April bis Oktober 7.00 – 21.30 Uhr
Auskunft: Bürger- und Tourismusbüro, Kirchplatz 12, 72379 Hechingen, Telefon 07471 940211, www.hechingen.de

Der löwenstarke Anreisetipp: Bf Hechingen, weiter mit dem Bus. Fahrplanauskunft für Busse und Bahnen in Baden-Württemberg – die Löwen-Line unter 01805 779966 (14 Ct./Min. aus dt. Festnetz/Mobilfunk abweichend) oder die elektronische Fahrplanauskunft über www.3-loewen-takt.de

Auf der Pirsch mit Evernius Flechtel

Abenteuer pur in Hinterzarten

Evernius Flechtel ist ein kleiner Wichtel, der in Hinterzarten im südlichen Schwarzwald eine bedeutsame Aufgabe versieht. Er führt große und kleine Waldläufer durch sein Revier. „Sie alle sollen", heißt es von dem sympathischen Waldschrat, „hier mit mir die Natur kennenlernen." Flechtel, mit Vollbart und spitzem Waldräuberhut, bietet seinen Gästen zwei verschiedene Strecken an. Die kürzere Route misst 1,5 Kilometer und berührt im Wald sechs Stationen. An ihnen herrscht „Abenteuer pur", gibt's den „Pirschpfad", das „Baummemory", die „Waldpower" und mehr. Der zweite Teil ist mit seinen

2 Kilometern schon etwas länger, führt aber auch gleich über neun Stationen, an denen Arbeit und Vergnügen warten. Luft- und Wassergüte werden ermittelt, die Waldapotheke und die „Firma Wald" besichtigt, der Zauberwald besucht. Zum guten Schluss hält Evernius Flechtel ein kleines Fragequiz bereit. Alle, die seine Hinweise und Ratschläge unterwegs sorgsam beachtet haben, werden es leicht lösen. Wie aber kam Evernius Flechtel zu seinem sonderbaren Namen? Er leitet sich, sagen Hinterzartens Touristiker, von der „Pseudevernia furfuracea" ab. Das ist der botanische Name für das Baummoos, eine Flechte, die strauchförmig auf Bäumen wächst und im Schwarzwald häufig vorkommt.

Ort: Hinterzarten, Landkreis Breisgau-Hochschwarzwald / FR
Lage: am Ortsrand Hinterzarten
Parken: am Bahnhof hinterm Postgebäude links, Ortseingang, Kurhaus
Rollstuhl / Kinderwagen: ja, erster Teil mit Abkürzungen
Geöffnet: je nach Witterung von Mai bis Oktober frei zugänglich
Auskunft: Hochschwarzwald Tourismus GmbH,
Tourist-Info Hinterzarten, Freiburger Straße 1, 79856 Hinterzarten,
Telefon 07652 12060, www.hochschwarzwald.de

Der löwenstarke Anreisetipp: Bf Hinterzarten. Fahrplanauskunft für Busse und Bahnen in Baden-Württemberg – die LöwenLine unter 01805 779966 (14 Ct./Min. aus dt. Festnetz/Mobilfunk abweichend) oder die elektronische Fahrplanauskunft über www.3-loewen-takt.de

An den Klangkreisen der Musik lauschen

Auf dem Waldkulturpfad von Karlsbad

Im Rahmen der Bürgerbeteiligung zur Fortentwicklung der Gemeinde wurde im Jahr 2001 in Karlsbad die Idee geboren, einen „Waldkulturpfad“ anzulegen. Das Projekt griff Anregungen aus der Umweltkonferenz von Rio de Janeiro im Jahr 1992 auf. Folgerichtig machte sich die örtliche Agendagruppe an die Arbeit, den Pfad zu planen. Pädagogische und ökologische, soziale und generationenübergreifende Gesichtspunkte wurden im Konzept aufgegriffen. Fünf sehr verschiedene Naturräume wurden über einen gut einen Kilometer langen Pfad miteinander verknüpft. Farbige Baumskulpturen leiten als Wegweiser den Wanderer zu den einzelnen Stationen. Dort liegt der Erzählplatz, an dem in der Stille des Waldes Geschichten erzählt, vorgelesen, angehört werden. Der Hüttenspielplatz an der „Lichten Eiche“ regt die Fantasie an, Räume zu verändern oder gleich ganz neu zu gestalten. An den Klangkreisen mischt sich Musik in die leisen Töne des Waldes. Im Adlerhorst und am Waldmikado heißt es nur noch, von der Lust am Kulturpfad für eine Weile auszuruhen, zu entspannen, einfach da zu sein. Am Waldkulturpfad gibt es regelmäßig kulturelle Veranstaltungen. Es sei gelungen, heißt es in Karlsbad, mit dem Waldkulturpfad Natur, Kunst und Kultur harmonisch miteinander in Einklang zu bringen.

Ort: Karlsbad, Landkreis Karlsruhe / KA
Lage: Waldrand am Ortsende Spielberg Richtung Langensteinbach
Parken: an der roten Baumskulptur am Anfang des Pfads
Rollstuhl / Kinderwagen: ja
Geöffnet: immer frei zugänglich
Auskunft: Gemeinde Karlsbad, Garten- und Umweltamt, Industriestraße 16, 76307 Karlsbad, Telefon 07248 9144-813, www.spielberger-waldkulturpfad.de

Der löwenstarke Anreisetipp: Fahrplanauskunft für Busse und Bahnen in Baden-Württemberg – die LöwenLine unter 01805 779966 (14 Ct./Min. aus dt. Festnetz/Mobilfunk abweichend) oder die elektronische Fahrplanauskunft über www.3-loewen-takt.de

Denken, Raten und Staunen im Wald

Auf dem Fuxi-Naturerlebnis-Pfad von Mainhardt

Wenig südlich des Luftkurorts Mainhardt im Naturpark Schwäbisch-Fränkischer Wald liegt beim Dorf Mönchsberg der „Fuxi-Naturerlebnis-Pfad“. Er führt über stille, verschlungene Waldwege und hält dort mancherlei Überraschendes bereit. Aber erst mal muss der

Waldbesucher die Strecke auswählen, die er gehen möchte. Auf der kürzeren der beiden Routen sind auf rund 3,5 Kilometern immerhin schon mal 12 Stationen vorbereitet. Die längere Tour, in der die kurze Strecke bereits enthalten ist, führt über 8 Kilometer und an 18 Plätze zum Denken, Raten und Staunen. Gleich am Anfang steht die „Träumerliege“. In der „Olgaschlucht“ soll sich Kronprinzessin Olga von Württemberg mal verborgen gehalten haben, was wohl nicht stimmt. Durch eine Glasscheibe wird das Leben in einem Teich beobachtet. Das eigenartige Waldtelefon funktioniert ganz ohne Strom und Kabel. Es gibt eine Wasserstation mit Matsch zum Stampfen, einen Platz für Geschicklichkeitsübungen. Schließlich berührt der Erlebnispfad über eine kurze Strecke den Limes, die römische Reichsgrenze vor fast 2 000 Jahren. An dieser Station erfährt der Wanderer etwas über die Reste eines römischen Kleinkastells am Weg. Auch das letzte verbliebene Ruinenteil der ehemaligen „Hankertsmühle“ wird besucht.

Ort: Mainhardt, Landkreis Schwäbisch Hall / SHA
Lage: um Mainhardt-Mönchsberg
Parken: Fuxi-Parkplatz an der Straße nach Grab
Rollstuhl / Kinderwagen: nein
Geöffnet: immer frei zugänglich
Auskunft: Fremdenverkehrsgemeinschaft Schwäbischer Wald, Alter Postplatz 10, 71328 Waiblingen, Telefon 07151 5011376, www.schwaebischerwald.com

Der löwenstarke Anreisetipp: Fahrplanauskunft für Busse und Bahnen in Baden-Württemberg – die LöwenLine unter 01805 779966 (14 Ct./Min. aus dt. Festnetz/Mobilfunk abweichend) oder die elektronische Fahrplanauskunft über www.3-loewen-takt.de

Ein Barfußpfad in und von Kinderhand

Projekt der Fichtenhalde in Zell-Weierbach

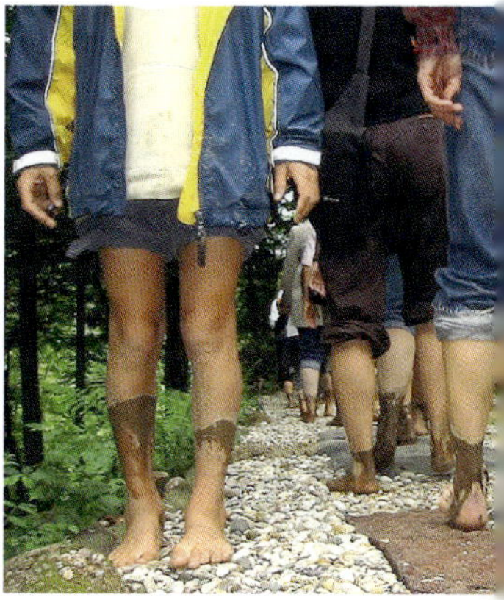

Beim ersten Hinschauen deutet eigentlich nichts darauf hin, dass der Barfußpfad in Zell-Weierbach anders sei als andere Wanderwege seiner Art. Er hat ein Länge von gut einem Kilometer. Er wird ohne Schuhwerk, Socken, Strümpfe begangen. Es geht am plätschernden Bach dahin. Bald folgen Wiesen und Matsch, Baumrinde und Sand, Stroh, Torf, Kies, Splitt, Steine. Weiter dann über Heu und Sägespäne. Auch Reste von Weintrauben sind ausgelegt, denn dies ist ja eine Weingegend. Alles endet schließlich am „Großen Brunnen". Dort geht es ans große Füßewaschen, ans Spielen und vielleicht zum Picknick. Also doch alles, wie anderswo schon mal gehabt? Nein, dieser Pfad ist anders. Denn hier haben Kinder gebaut. Sicher, Erwachsene haben die Kleinen angeleitet, haben das Werk organisiert und die schwersten Tätigkeiten selbst übernommen. Aber Kinder waren in hohem Maß beteiligt und halten die Anlage nun auch in Ordnung. Der Barfußpfad ist ein Projekt der Kinderhilfseinrichtung „Haus Fichtenhalde" in Zell-Weierbach. Mit Spaß an der Sache, heißt es am Ort, sei Sinnvolles geleistet worden. Nun sollen Familien, Freunde, Urlauber, Kindergärten, Schulklassen an ihrem Barfußpfad ihre Freude haben. „Damit das so bleibt", sagen sie, „pflegen wir den Pfad und bauen ihn ständig weiter aus."

Ort: Offenburg-Zell-Weierbach, Ortenaukreis / OG
Lage: am Ende des Talwegs
Parken: am Haus des Schwarzwaldvereins
Rollstuhl / Kinderwagen: nein
Geöffnet: immer frei zugänglich
Auskunft: Ortsverwaltung Zell-Weierbach, Schulstraße 1, 77654 Zell-Weierbach, Telefon 0781 934811, www.zell-weierbach.de

Der löwenstarke Anreisetipp: Bf Offenburg, weiter mit dem Bus. Fahrplanauskunft für Busse und Bahnen in Baden-Württemberg – die Löwen-Line unter 01805 779966 (14 Ct./Min. aus dt. Festnetz/Mobilfunk abweichend) oder die elektronische Fahrplanauskunft über www.3-loewen-takt.de

Mit bloßen Füßen im Laubwald unterwegs

20 Erlebnispunkte an Ötisheims Barfußpfad

Etwa 20 Erlebnisstationen fasst der gut 1,5 Kilometer lange Barfußpfad in Ötisheim. Er ist – wie ähnliche Anlagen andernorts – mit ganz unterschiedlichen Materialien ausgestattet. Einzelne Teilstrecken sind schlicht mit Kies und Sand bedeckt. An anderen Stellen kommt Holz in verschiedenen Strukturen vor. Rindenmulch ist vertreten. Ein Stück weit läuft der Pfad durch Schlamm und Sumpf.

Ein andermal sind die Barfußgeher im knietiefen Wasser eines Bachlaufs unterwegs mit der Wirkung eines Kneipp'schen Wassertretbeckens. Baumstämme, um drauf zu balancieren, liegen am Boden. Hier und da müssen kleine Hindernisse überwunden werden. Schließlich wird ein Feld überquert, auf dem in Abständen senkrecht im Boden steckende Rundhölzer begangen werden müssen. Die ganze Strecke liegt im schattigen Laubwald. Der Startpunkt am Naturfreundehaus Ötisheim hat einen Kinderspielplatz. Dort können auch Schuhe, Socken, Strümpfe hinterlegt und am Ende die strapazierten Füße gewaschen werden. In Ötisheim wird dazu geraten, den Gang über den Barfußpfad mit einem Besuch des Freibads im nahegelegen Wiesental zu verbinden. Das Naturfreundehaus am Beginn des Barfußpfads ist an Sonntagen von Ende Februar bis Anfang November – außer im August – auch für Gäste geöffnet.

Ort: Ötisheim, Enzkreis / PF
Lage: Naturfreundehaus am Ortsrand
Parken: entlang der Zufahrt zum Naturfreundehaus
Rollstuhl / Kinderwagen: nein
Geöffnet: Mai bis Oktober täglich 7.00 – 21.00 Uhr
Auskunft: Gemeindeverwaltung Ötisheim, Schönenberger Straße 2, 75443 Ötisheim, Telefon 07041 95010, www.oetisheim.de

Der löwenstarke Anreisetipp: Bf Mühlacker, weiter mit dem Bus. Fahrplanauskunft für Busse und Bahnen in Baden-Württemberg – die Löwen-Line unter 01805 779966 (14 Ct./Min. aus dt. Festnetz/Mobilfunk abweichend) oder die elektronische Fahrplanauskunft über www.3-loewen-takt.de

„Naturatum" ist ein ErlebnisWaldpfad

Im Taubental von Schwäbisch Gmünd

„Naturatum" heißt der ErlebnisWaldpfad in Schwäbisch Gmünd. Nördlich des Bahnhofs führt er als Rundkurs durchs Waldgelände des „Taubentals". Angelegt worden ist der Pfad im Rahmen der Gmünder Agenda 21. Geholfen haben die Fagus-Stiftung, Naturkundeverein, die Forstverwaltung, Waldpädagogen, die Freie Waldorfschule, Mediengestalter, die Stadtverwaltung. So sind 20 Stationen entwickelt worden. An ihnen wird über den Wald und was mit ihm zusammenhängt berichtet. Baumarten werden bestimmt. Ein Barfußpfad ist dabei, ein Labyrinth und ein Geschicklichkeitspfad. Ein begehbarer Fuchsbau liegt am Weg. Als Begleiter zieht Reinhard, der Fuchs, mit durch den Wald. Er gibt gelegentlich Hinweise. So auch, dass der Waldboden am besten mit bloßen Füßen zu spüren sei. Ein Vesper sollte mitgenommen werden, rät Reinhard. Denn am Parkplatz liegt eine Grillstelle. Der ErlebnisWaldpfad ist 2,5 Kilometer lang. An allen Stationen werden die Waldläufer angeregt, etwas auszuprobieren, etwas zu unternehmen, einfach nur mal mitzumachen. „Naturatum" hat zum Ziel, Erfahrungen aus und mit dem Wald auf den ganzen Menschen wirken zu lassen. Diese intensiven Erlebnisse könnten, heißt es, einen wichtigen Beitrag leisten, umweltschützende Einstellungen zu entwickeln und zu festigen.

Ort: Schwäbisch Gmünd, Ostalbkreis / AA
Lage: nördlich des Bahnhofs
Parken: Wanderparkplatz am Ende der Taubentalstraße
Rollstuhl: nein **/ Kinderwagen**: ja
Geöffnet: immer frei zugänglich
Auskunft: i-Punkt am Marktplatz, Marktplatz 37/1,
73525 Schwäbisch Gmünd, Telefon 07171 603-4250,
www.schwaebisch-gmuend.de

Der löwenstarke Anreisetipp: Bf Schwäbisch Gmünd, weiter zu Fuß. Fahrplanauskunft für Busse und Bahnen in Baden-Württemberg – die Löwen-Line unter 01805 779966 (14 Ct./Min. aus dt. Festnetz/Mobilfunk abweichend) oder die elektronische Fahrplanauskunft über www.3-loewen-takt.de

Über Fichtenzapfen, Hobelspäne und im Bach

Auf dem Muggenbrunner Barfußpfad

„Schuhe aus und Natur fühlen", heißt es in Muggenbrunn, Ortsteil des Schwarzwald-Luftkurorts Todtnau, gelegen an der Südflanke

des Freiburger Hausbergs Schauinsland. Muggenbrunns Barfußpfad ist nur gut 600 Meter lang, aber sorgsam in die Landschaft eingepasst. Die Muggenbrunner haben ihn größtenteils selbst angelegt. Der Pfad verläuft fast ausschließlich auf Naturboden. Nur an Stellen, an denen der Untergrund für den Barfußpfad künstlich verändert wurde, lässt sich der Waldboden nicht mehr unmittelbar an den Fußsohlen spüren. Die nackten Füße stapfen in Muggenbrunn über Rindenmulch und schlichtes Laub, über Fichtenreisig und durch Schlamm, über Fichtenzapfen, Fichtenhäcksel, Hobelspäne, Kies und Sand. Schließlich geht's sogar in einem regelrechten Gebirgsbach mit eisig kaltem Wasser dahin. Der Weg beginnt und endet an einer Grillhütte. Dort werden, damit sie nicht die ganze Strecke über mitgeschleppt werden müssen, Schuhe, Socken, Strümpfe im Regal aufbewahrt. Nach der Runde werden die Füße im frischen Bergwasser gereinigt. Zusätzlich zur Beschilderung am Pfad gibt es in der Touristinformation Todtnau ein kleines Informationsblatt. Es zeigt den Verlauf der ganzen Route, benennt auch die einzelnen Untergründe, auf denen gelaufen wird.

Ort: Todtnau-Muggenbrunn, Landkreis Lörrach / LÖ
Lage: Campingplatz Muggenbrunn
Parken: am Campingplatz Muggenbrunn
Rollstuhl / Kinderwagen: nein
Geöffnet: immer frei zugänglich
Auskunft: Tourismus GmbH Todtnauer Ferienland, Meinrad-Thoma-Straße 21, 79674 Todtnau, Telefon 07671 969695, www.todtnauer-ferienland.de

Der löwenstarke Anreisetipp: Bf Kirchzarten, weiter mit dem Bus. Fahrplanauskunft für Busse und Bahnen in Baden-Württemberg – die Löwen-Line unter 01805 779966 (14 Ct./Min. aus dt. Festnetz/Mobilfunk abweichend) oder die elektronische Fahrplanauskunft über www.3-loewen-takt.de

Kraut

und

Rüben

50 000 Frühlingsblüher im Kurpark

Bad Bellingen hat auch einen Barfußpark

Eigentlich hatte die Gemeinde Bellingen Mitte des 20. Jahrhunderts Erdöl fördern wollen. Es kam anders. Am 28. November 1956 trafen die Tiefenbohrer auf eine Thermalquelle. Schnell wurden erste Badezuber aufgestellt. Aus Bellingen wurde der Kurort Bad Bellingen. Heute sprudeln drei Thermalquellen. Die Natrium-Calcium-Chlorid-Sole kommt mit Temperaturen zwischen 35,5 und 40,7° Celsius an die Oberfläche und soll hilfreich sein vor allem bei Erkrankungen der oberen Atemwege. Zu einem Kurort gehört ein Kurpark. Den hat sich Bellingen schon bald nach Beginn des Badebetriebs auf gut 24 Hektar Fläche angelegt. Er besteht aus zwei Teilen. Im einen walten vor allem die Kräfte der Natur, im anderen Bad Bellingens Gärtner. Die setzen im Frühjahr 34 000 Tulpenzwiebeln, 10 000 Krokusse, 6 000 Narzissen. Im Sommer blühen zudem 12 000 Tagetes in zehn Sorten, 3 500 Fleißige Lieschen, 2 000 Begonien und weitere 5 000 Sommerblumen. Zum Kurpark gehört seit Juni 2008 der Barfußpark. Er liegt im „Wilden Teil“ und verspricht 800 Meter Naturerlebnis auf Kies, großen und kleinen Steinen, auf Holz, Laub und Sand. Es geht über Holzbohlen, einen hölzernen Brückensteg und immer wieder an Balancierstellen. Am Haupteingang zum Kurpark geben Hinweistafeln Anleitung zum richtigen Gehen.

Ort: Bad Bellingen, Landkreis Lörrach / LÖ
Lage: westlich des Bahnhofs
Parken: am Kurhaus
Rollstuhl / Kinderwagen: Kurpark: ja, Barfußpfad: nein
Geöffnet: immer frei zugänglich
Auskunft: Bade- und Kurverwaltung GmbH, Badstraße 14, 79415 Bad Bellingen, Telefon 07635 808220, www.bad-bellingen.de

Der löwenstarke Anreisetipp: Hbf Freiburg, weiter mit der Bahn. Fahrplanauskunft für Busse und Bahnen in Baden-Württemberg – die Löwen-Line unter 01805 779966 (14 Ct./Min. aus dt. Festnetz/Mobilfunk abweichend) oder die elektronische Fahrplanauskunft über www.3-loewen-takt.de

Pfau Vittorio schreitet würdevoll

Im Kurpark von Bad Krozingen

Im Jahr 1911 wurde die erste Thermalquelle des heutigen Kurorts Bad Krozingen erbohrt. Als „Scrozzinca" wird der Ort im Markgräfler Land südlich von Freiburg schon im Jahr 807 in einer Urkunde genannt. Er liegt mitten in der weiten Rheinebene – im Osten die ansteigenden gewellten Hänge zu den Höhen des Schwarzwald hinauf, im Westen und jenseits des Rheins die Vogesen. Die weitläufige Landschaft des Bad Krozinger Kurparks mit ihren vielen kleinen Erlebniszonen bildet eine angenehme Erholungs- und Freizeitoase. Seltene Baumarten und zauberhafte Blumenkunstwerke überraschen den Besucher. Zum Park gehören ein kleines Tiergehege, eine Minigolfanlage und ein Tennisplatz. In allem schreitet Pfau Vittorio würdevoll und selbstbewusst umher. Im Duftgarten von Teresa Hunder wächst botanische Vielfalt. Mehr als 400 Blüten- und Staudenpflanzen entfalten eine großartige Farbenpracht. Unter ihnen seltene kultivierte Pflanzen wie der „Cola-Strauch" und die „Gummibärchen-Blumen". Alle, die genug haben vom Schauen, Spielen und Umhergehen, ziehen sich in kleine Nischen am Weg zurück. Dort – abgeschirmt vom munteren Treiben ringsum – finden sich Bänke zum Ausruhen, zum stillen Niedersitzen, zum Nachsinnen vielleicht auch.

Ort: Bad Krozingen, Landkreis Breisgau-Hochschwarzwald / FR
Lage: am Thermalbad
Parken: am Kurhaus, am Bahnhof, an der Vita Classica-Therme
Rollstuhl / Kinderwagen: ja
Geöffnet: immer frei zugänglich
Auskunft: Kur und Bäder GmbH Bad Krozingen, Herbert-Hellmann-Allee 12, 79189 Bad Krozingen, Telefon 07633 400831, www.bad-krozingen.info

Der löwenstarke Anreisetipp: Hbf Freiburg, weiter mit der Bahn. Fahrplanauskunft für Busse und Bahnen in Baden-Württemberg – die Löwen-Line unter 01805 779966 (14 Ct./Min. aus dt. Festnetz/Mobilfunk abweichend) oder die elektronische Fahrplanauskunft über www.3-loewen-takt.de

Salzhaltige Luft abseits des Meeres

In Bad Rappenaus Salinenpark

Salz dient als wichtiger Mineralstoff und als Würzmittel für die menschliche und tierische Ernährung. Bad Rappenau nutzt Salz in Form von Solebädern und behandelt mit ihnen Knochen-, Gelenk- und Drüsenleiden. Zu einem Soleheilbad gehören in der Regel ein Gradierwerk und eine Soleförderanlage. Bad Rappenaus Gradierwerk besteht aus einem 30 Meter langen und 8 Meter hohen Holzgerüst. In ihm lagern über- und aneinander gestapelt 5 500 Büschel Schlehenreisig. Fortwährend rieselt Wasser über sie herab. Es enthält 15 Prozent Salz. Ein Teil dieser rieselnden Sole verdunstet auf ihrem Weg durch die Reisigbüschel. Dabei reichert sich die umgebende Luft mit dem Salz an. Fernab des Meeres wird auf diese Weise in Bad Rappenau gesunde, salzhaltige Luft erzeugt und eingeatmet. Das tut gut, heißt es, hilft aber auch bei Erkrankungen der Atemwege wie Asthma oder Bronchitis. Nah beim Gradierwerk liegt die historische Soleförderanlage mit Tretrad, fahrbarem Förderturm, Pumpenhäuschen und einem kleinen Sole- und Salzmuseum. Seit 1930 trägt die Stadt am Neckar den Titel eines Heilbads. Erste Salinen-Solebäder waren aber schon Mitte des 19. Jahrhunderts eingerichtet. Gut 500 Meter sind es zum Kurpark. Dort haben Künstler abwechslungsreiche Spielplätze eingerichtet.

Ort: Bad Rappenau, Landkreis Heilbronn / HN
Lage: im Salinenpark nahe der Weinbrennerstraße
Parken: Parkplatz P1, Weinbrennerstraße, am Salinenpark
Rollstuhl / Kinderwagen: ja
Geöffnet: ständig frei zugänglich
Auskunft: Bad Rappenauer Touristik und Bäder GmbH, Salinenstraße 22, 74906 Bad Rappenau, Telefon 07264 862126, www.badrappenau.de

Der löwenstarke Anreisetipp: Bf Bad Rappenau, weiter zu Fuß. Fahrplanauskunft für Busse und Bahnen in Baden-Württemberg – die LöwenLine unter 01805 779966 (14 Ct./Min. aus dt. Festnetz/Mobilfunk abweichend) oder die elektronische Fahrplanauskunft über www.3-loewen-takt.de

Lustwandeln wie einst die Fürsten

Im Fürstlichen Park Inzigkofen

Seit dem frühen 19. Jahrhundert liegt an der Oberen Donau am Rande des Dörfchens Inzigkofen der „Fürstliche Park". Angelegt wurde er auf Wunsch der Fürstin Amalie Zepherine von Salm-Kyrburg, Gemahlin des Erbprinzen Anton Aloys von Hohenzollern-Sigmaringen. Der Park ist noch heute fürstliches Eigentum. Eine Tafel am Eingang verkündete einst, es sei „jedem ordentlichen Menschen das Lustwandeln in den hiesigen Anlagen gestattet". Der Hinweis ist entfernt. „Lustwandeln" kann in dem gut 25 Hektar großen Park heute jeder nach Gutdünken. Wie verwunschen liegt der Garten noch immer grad so da, wie ihn die Fürstin sich gewünscht hatte und wie er 1829 fertiggestellt worden war. Stille, einsame Spazierwege schlängeln sich durch kleine Wälder und an Wiesen entlang, über Stützmauern und Holzbauten. Die steinerne, mit Treppenstufen versehene „Teufelsbrücke" überquert eine gut 20 Meter tiefe wilde Schlucht. Der „Amalienfelsen" steigt direkt aus der an dieser Stelle 6 Meter tiefen Donau zur Höhe von 29 Metern hinauf. Etwas abseits des Eingangs zum Park unterhält der Schwäbische Albverein in einer ehemaligen Klosterscheune ein Bauernmuseum – Eintritt frei. Nebenan liegt ein üppig sprießender, überaus gepflegter und reichhaltiger Bauerngarten.

Ort: Inzigkofen, Landkreis Sigmaringen / SIG
Lage: über der Donau am nördlichen Ortsrand von Inzigkofen
Parken: am Volkshochschulheim im ehemaligen Augustinerinnen-kloster
Rollstuhl / Kinderwagen: nur auf Teilstrecken
Geöffnet: immer frei zugänglich,
Bauernmuseum: Mai – Oktober 1. und 3. Sonntag 14.00 – 17.00 Uhr
Auskunft: Gemeindeverwaltung Inzigkofen, Ziegelweg 2, 72514 Inzigkofen, Telefon 07571 73070, www.inzigkofen.de

Der löwenstarke Anreisetipp: Bf Sigmaringen, weiter mit dem Bus. Fahrplanauskunft für Busse und Bahnen in Baden-Württemberg – die Löwen-Line unter 01805 779966 (14 Ct./Min. aus dt. Festnetz/Mobilfunk abweichend) oder die elektronische Fahrplanauskunft über www.3-loewen-takt.de

Klein-Asien in Münzesheim

Der Asiatische Garten von Kraichtal

Mit seinen neun Stadtteilen liegt das 15 000 Einwohner zählende Städtchen Kraichtal mitten im Hügelland des Kraichgau. Im Kraichtaler Ortsteil Münzesheim unterhält die Heidelberger Stadtmission ein Therapiezentrum als Fachklinik für suchtkranke Männer. Patienten den Zentrums haben über einen Zeitraum von 15 Jahren eine kleine Parklandschaft auf dem Klinikgelände angelegt. Vorbild war ihnen dabei die asiatische Gartenkunst. Der Park trägt deshalb den

Namen „Asiatischer Garten". Auf einer Fläche von gut eineinhalb Hektar ist ein landschaftsgärtnerisches Kunstwerk entstanden. Es versucht, die Formensprache chinesischer und japanischer Gartenbaukunst in die Pflanzenwelt und ins südwestdeutsche Klima zu übersetzen. Die Bauten und Kunstwerke im Garten entsprechen ihren asiatischen Originalen und wurden von den Patienten detailgetreu nachgebildet. Die Landschaft bietet den Bewohnern des Therapiezentrums eine Atmosphäre des Entspannens und Erholens. Der kleine Park gilt als einer der eindrucksvollsten asiatischen Gärten in Europa. Auf einer Insel in einem kleinen See steht ein chinesisches Teehaus. Der Garten steht allen Besuchern offen, die vor allem an den Wochenenden kommen.

Ort: Kraichtal-Münzesheim, Landkreis Karlsruhe / KA
Lage: Stadtbahnhaltestelle „Therapiezentrum" in Münzesheim-Ost
Parken: am Therapiezentrum
Rollstuhl / Kinderwagen: ja
Geöffnet: Der Park ist immer frei zugänglich, das Teehaus nur im Sommer
Auskunft: Therapiezentrum Münzesheim, Am Mühlberg, 76703 Kraichtal-Münzesheim, Telefon 07250 600, www.kraichtal-kliniken.de

Der löwenstarke Anreisetipp: Bf Gochsheim, weiter zu Fuß. Fahrplanauskunft für Busse und Bahnen in Baden-Württemberg – die LöwenLine unter 01805 779966 (14 Ct./Min. aus dt. Festnetz/Mobilfunk abweichend) oder die elektronische Fahrplanauskunft über www.3-loewen-takt.de

Das Gärtlein der Herzogin Sibylla

Im Leonberger Pomeranzengarten

Im Jahr 1609 hielt Herzogin Sibylla von Württemberg Einzug in ihren Witwensitz Schloss Leonberg. Ihr Sohn Johann Friedrich ließ seiner von Botanik und Heilkunde begeisterten Mutter vom herzoglichen Hofbaumeister Heinrich Schickhardt einen Lustgarten nach italienischem Vorbild anlegen. Schickhardt entwarf der Herzogin einen Terrassengarten. Er hat sich – trotz zeitweiliger Verwilderung und anderweitiger Nutzung – als einer der wenigen Gärten jener Epoche erhalten. Im Jahr 1980 wurde er vollständig restauriert. Zum 400-jährigen Jubiläum 2009 wurden erneut Renovierungsarbeiten ausgeführt. Der Garten ist nach dem Geschmack der Renaissance in zwei gleiche Teile gegliedert. Sie sind mehrfach geometrisch unterteilt und symmetrisch aufeinander bezogen. In ihnen blüht eine Vielzahl Blumen, wachsen Duft-, Gewürz- und Heilpflanzen. Die namengebende Pomeranze mit ihren stark duftenden Blüten steht im Sommer in Kübeln am Weg. Zur Überwinterung zieht sie ins Pomeranzenhaus. Sie ist eine Bitterorange und galt dem Adel wegen ihrer exotischen Herkunft und ihres Wertes als Statussymbol. Sie wurde in Küche und Hausapotheke verwendet. Mit dem Schmuckbrunnen in der Mitte und vier Türmchen in den Ecken lehnt sich der Garten an den Hang unterhalb des Schlosses.

Ort: Leonberg, Landkreis Böblingen / BB
Lage: am Schloss südwestlich der Altstadt
Parken: im Stadtgebiet, Tiefgarage Marktplatz
Rollstuhl / Kinderwagen: nein
Geöffnet: April bis September 8.00 – 22.00 Uhr,
Oktober bis März 8.00 – 18.00 Uhr
Auskunft: Stadtmarketing, Bahnhofstraße 57, 71229 Leonberg,
Telefon 07152 9901408, www.leonberg.de

Der löwenstarke Anreisetipp: Bf Leonberg, weiter mit dem Bus. Fahrplanauskunft für Busse und Bahnen in Baden-Württemberg – die LöwenLine unter 01805 779966 (14 Ct./Min. aus dt. Festnetz/Mobilfunk abweichend) oder die elektronische Fahrplanauskunft über www.3-loewen-takt.de

Einzig unter Europas Gärten

Der Schlossgarten in Schwetzingen

In der zweiten Hälfte des 18. Jahrhunderts hat Kurfürst Carl Theodor von der Pfalz nach dem Vorbild der französischen Schloss- und Gartenanlage Versailles den Schwetzinger Schlossgarten anlegen lassen. Der lebensfrohe Carl Theodor hatte 1751 auch die Idee zum Bau des Großen Fasses in seinem Heidelberger Schloss. Der weitläufige Schwetzinger Park gliedert sich in zwei Teile. Den ersten, dem Schloss am nächsten gelegenen, bildet der symmetrisch angelegte französische Barockgarten mit seinem kreisförmigen Parterre, mit Rundbauten und Laubengängen, mit Hekken und Wald. Ihm schließt sich der englische Landschaftsgarten an. In geplanter Natürlichkeit erstreckt er sich um den großen Weiher und viele geschwungene Kanäle. Carl Theodors Schlossgarten bildet mit seinen Bauten und seinen Figuren zunächst eine Bühne für die Hofgesellschaft des Barock. Die vernunftgebundene Auffassung der nachfolgenden Aufklärung kommt am Rundparterre zur Geltung. Die Romantik schließlich findet in den offenen Landschaftsräumen ihren Ausdruck. In allen Epochen wiederum bringen Wasserspiele, Fontänen, Kaskaden, Seen, Teiche, Kanäle Bewegung in die ganze Parkanlage. Der Schwetzinger Schlossgarten gilt als einzigartig unter den europäischen Gartenanlagen.

Ort: Schwetzingen, Rhein-Neckar-Kreis / HD
Lage: im Stadtgebiet Schwetzingen
Parken: Parkplätze im Stadtgebiet
Rollstuhl / Kinderwagen: Park ja, Schloss nein
Geöffnet: täglich, Winterzeit 9.00 – 16.30 Uhr, Sommerzeit 9.00 – 19.30 Uhr
Eintritt: Schloss nur mit Führungen, nicht geeignet für Kinder unter fünf Jahren
Auskunft: Schloss Schwetzingen, Mittelbau, 68723 Schwetzingen, Telefon 06221 538431, www.schloss-schwetzingen.de

Der löwenstarke Anreisetipp: Bf Schwetzingen, weiter zu Fuß. Fahrplanauskunft für Busse und Bahnen in Baden-Württemberg – die LöwenLine unter 01805 779966 (14 Ct./Min. aus dt. Festnetz/Mobilfunk abweichend) oder die elektronische Fahrplanauskunft über www.3-loewen-takt.de

Die Schwäbische Alb im Park

Der Botanische Garten der Universität Tübingen

Zu jeder Jahreszeit sind Besucher zum Studium der Pflanzen im Botanischen Garten der Universität Tübingen herzlich eingeladen. So steht es auf der Internetseite der Hochschule. Auch einfach nur um spazierenzugehen, sind Gäste willkommen. Denn außer der Forschung und der Lehre dient der Botanische Garten vor allem der Öffentlichkeit als Informations-, Schau- und Erholungsgelände. Die Geschichte des Tübinger Botanischen Gartens beginnt im frühen 16. Jahrhundert. Leonhart Fuchs kultivierte erstmals an der 1477 von Graf Eberhard V. von Württemberg gegründeten Universität Arzneipflanzen. Im Jahr 1804 ordnete Württembergs Herzog Friedrich II. die Neuanlage eines Botanischen Gartens an. Die heute bestehende Landschaft wurde Mitte des 20. Jahrhunderts ganz neu angelegt und 1969 eröffnet. Die Gewächshäuser der früheren Anlage waren damals abgetragen, der alte Garten zum Stadtpark umgewandelt worden. Der heutige Botanische Garten enthält Zier-, Nutz- und Heilpflanzen, Gehölze und Stauden aus Asien und Nordamerika. Eine eigene große Abteilung ist der Pflanzenwelt der Schwäbischen Alb vorbehalten. Es gibt einen Weinberg, einen Alpingarten, einen Fuchsienpavillon, Gewächshäuser und sogar einen Aussichtsturm, von dem aus der ganze Garten zu überblicken ist.

Ort: Tübingen, Landkreis Tübingen / TÜ
Lage: ab Ortseinfahrt Tübingen Schildern „Botanischer Garten“ folgen
Parken: Parkhaus am Botanischen Garten
Rollstuhl / Kinderwagen: ja
Geöffnet: *Garten*: montags bis freitags 7.30 – 16.45 Uhr, Wochenende 8.00 – 16.45 Uhr, *Gewächshäuser*: montags bis freitags 8.00 – 16.30 Uhr, Wochenende 10.00 – 16.30 Uhr
Auskunft: Botanischer Garten der Universität Tübingen, Hartmeyerstraße 123, 72076 Tübingen, Telefon 07071 2978822, www.botgarten.uni-tuebingen.de

Der löwenstarke Anreisetipp: Hbf Tübingen, weiter mit dem Bus. Fahrplanauskunft für Busse und Bahnen in Baden-Württemberg – die Löwen-Line unter 01805 779966 (14 Ct./Min. aus dt. Festnetz/Mobilfunk abweichend) oder die elektronische Fahrplanauskunft über www.3-loewen-takt.de

28 000 Quadratmeter zur Lehre und Erholung

Im Botanischen Garten der Universität Ulm

Der Botanische Garten der 1967 gegründeten Medizinisch-Naturwissenschaftlichen Hochschule Ulm zählt mit seiner Fläche von gut 28 000 Quadratmetern zu den größten Universitätsgärten in Deutschland. Knapp ein Fünftel der am östlichen Hang des Oberen Eselsbergs angelegten Gartenlandschaft besteht aus natürlichem Wald. Ein Viertel ist Wiesengelände mit Feuchtgebieten, Halbtrockenrasen, Hecken, Feldgehölzen, Magerwiesen. In einer Ecke wird Dreifelderwirtschaft mit seltenen heimischen Wildkräuterarten unterhalten. Mitten im Garten steht eine schattenspendende Pergola mit Ruhebänken. Drumherum liegt der Rosengarten, gleich nebenan ein Bauerngärtchen mit vielen bekannten Nutz- und Zierpflanzen. Die Biologische Abteilung dient den Studenten als „lebendiges Lehrbuch“. In ihm blättern auch immer mal wieder Schulklassen. Sie gewinnen dabei Einblick in die Vielfalt des pflanzlichen und tierischen Lebens. Oberhalb des Gartens liegen die Gewächshäuser der Universität mit Pflanzen aus den tropischen Regenwäldern. Ganz in der Nähe wachsen auf den terrassenförmig angelegten Beeten des Apothekergartens rund 200 verschiedene Heilpflanzen. Südlich präsentiert sich der Taglilien-Schaugarten in vielen bunten Farben.

Ort: Ulm, Stadtkreis Ulm / UL
Lage: südöstlich der Universität, vom Oberen Eselsberg bis ins Lehrer Tal
Parken: an der Lehrertalstraße
Rollstuhl / Kinderwagen: ja, aber ziemlich bergan
Geöffnet: täglich, März bis Oktober 9.00 – 20.00 Uhr, November bis Februar 9.00 – 16.30 Uhr
Auskunft: Botanischer Garten der Universität Ulm, Hans-Krebs-Weg, 89081 Ulm, Telefon 0731 5031351, www.uni-ulm.de

Der löwenstarke Anreisetipp: Hbf Ulm, weiter mit dem Bus. Fahrplanauskunft für Busse und Bahnen in Baden-Württemberg – die LöwenLine unter 01805 779966 (14 Ct./Min. aus dt. Festnetz/Mobilfunk abweichend) oder die elektronische Fahrplanauskunft über www.3-loewen-takt.de

Das ganze Dorf ein Rosenpark

Die 22 000 Rosen von Nöggenschwiel

Seit 1970 führt Nöggenschwiel im südlichen Schwarzwald den Ehrentitel „VDR-Rosendorf". Der „Verein Deutscher Rosenfreunde" (VDR) hat ihn der Gemeinde verliehen. Er würdigt mit dem Titel den unbändigen Einsatz der Nöggenschwieler für die Königin der Blumen. Die Leute in Nöggenschwiel selbst geraten schon mal gern ins Schwärmen, wenn sie ihr Dorf so betrachten oder von ihm erzählen. „Das ganze Dorf ein Rosenpark" begeistern sie sich dann. Das tun sie wohl mit gutem Recht. Tatsächlich blühen hier – über die Gemeinde verstreut – Jahr für Jahr von Mitte Juni bis gegen Ende Oktober weit mehr als 22 000 Rosen. Fast jedes Haus, fast alle Vorgärten schmücken und verschönern sich mit einer Rosenzier. Die öffentlichen Plätze im Dorf sind mit Rosenstöcken besetzt. Ein Rosenwanderweg führt über eine Strecke von 32 Kilometern in weitem Bogen rund um Nöggenschwiel herum. Im Jahr 2008 sind zu den bis dahin schon vorhandenen gut 20 000 Rosen noch mal 2 000 hinzugekommen. Dazu haben die Nöggenschwieler auf einer Fläche von gut 1 500 Quadratmetern 187 Rosensorten von 6 bedeutenden deutschen Rosenschulen gesetzt. Mit ihnen wird in der Höhenlage von 720 Metern über Normalnull die „Frosthärte" dieser Rosen geprüft. „Schwarzwald-Rosen-Sortimentsgarten" heißt das Blumenschmuckstück.

Ort: Weilheim-Nöggenschwiel, Landkreis Waldshut / WT
Lage: Die Rosen blühen überall im Dorf
Parken: im Rosendorf
Rollstuhl / Kinderwagen: ja
Geöffnet: immer frei zugänglich
Auskunft: Tourist-Info „Roseneck", Am Josef-Raff-Platz, 79809 Weilheim-Nöggenschwiel, Telefon 07755 1553, www.rosendorf-noeggenschwiel.de

Der löwenstarke Anreisetipp: Fahrplanauskunft für Busse und Bahnen in Baden-Württemberg – die LöwenLine unter 01805 779966 (14 Ct./Min. aus dt. Festnetz/Mobilfunk abweichend) oder die elektronische Fahrplanauskunft über www.3-loewen-takt.de

Geschichte

und

Geschichten

Tausende Zinnfiguren im Römerkastell

Das Limesmuseum in Aalen

Größtes Römermuseum Süddeutschlands ist das Limesmuseum Aalen, ein Ort zur Vermittlung des UNESCO-Welterbes „Limes". Das Museum liegt im Gelände des größten römischen Reiterkastells nördlich der Alpen. Zentrales Thema der Dauerausstellung ist die Besetzung des süddeutschen Raums durch römische Truppen im 2. Jahrhundert n. Chr. Geschildert wird die Geschichte der Provinzen Rätien und Obergermanien mit ihrem militärischen und zivilen Leben beiderseits der römischen Reichsgrenze. Zu sehen sind vor allem Funde vom Kastellgelände Aalen und dem 9 Kilometer nordöstlich gelegenen Kastell Rainau-Buch. Restaurierte Waffen werden gezeigt, auch Kettenpanzerhemden und benagelte Sandalen. Ein rekonstruiertes Pfeilgeschütz und ein römischer Baukran sind zu sehen. Fürs zivile Leben stehen Werkzeug und Geschirr, Gold- und Silberschmuck, Grab- und Weihesteine. Höhepunkt ist der Schatzfund vom Kastelldorf Buch. Anziehungspunkte für Kinder sind Dioramen mit Tausenden von Zinnfiguren. Im Freigelände sind Grundmauern einstiger Kastellbauten konserviert. Eine Reiterbaracke ist in Originalgröße rekonstruiert worden. Während des Jahres finden Sonderveranstaltungen statt, alle zwei Jahre an einem Septemberwochenende die „Römertage".

Ort: Aalen, Ostalbkreis / AA
Lage: im Stadtgebiet Aalen
Parken: am Limesmuseum
Rollstuhl / Kinderwagen: ja
Geöffnet: dienstags bis sonntags 11.00 – 17.00 Uhr
Eintritt: frei mit Landesfamilienpass
Auskunft: Limesmuseum, St.-Johann-Straße 5, 73043 Aalen, Telefon 07361 5282870, www.museen-aalen.de

Der löwenstarke Anreisetipp: Bf Aalen, weiter mit dem Bus. Fahrplanauskunft für Busse und Bahnen in Baden-Württemberg – die LöwenLine unter 01805 779966 (14 Ct./Min. aus dt. Festnetz/Mobilfunk abweichend) oder die elektronische Fahrplanauskunft über www.3-loewen-takt.de

Dem Glasbläser über die Schulter geschaut

In der Alpirsbacher Glasbläserei

Im Jahr 1984 ist im Schwarzwälder Kurort Alpirsbach im Tal der oberen Kinzig die „Alpirsbacher Glasbläserei" gegründet worden. Die Idee war, das auf eine jahrhundertelange Tradition zurückgehende Kunsthandwerk des Glasblasens im Schwarzwald auch in der nächsten Zukunft lebendig zu halten. Horst Giesa hat die Glasbläserei 1999 übernommen. Er setzt die Kunst des Glasblasens fort. Begonnen hat Giesa sein Handwerk als Glasapparatebläser für die Forschung in einem Gewerbebetrieb und an der Universität München. Auf der Kunstfachschule für Glas in Zwiesel im Bayerischen Wald hat er nach einer fünfjährigen Ausbildungszeit die Meisterprüfung mit Auszeichnung bestanden. Lohn der Mühe war die Goldmedaille als Jahrgangsbester. Später richtete er in München eine eigene Werkstatt ein, ehe er in den Schwarzwald übersiedelte. Giesas Arbeiten gefallen vor allem in ihren stimmungs- und ausdrucksvollen Formen und der weiten Farbpalette. Seine Werke wurden schon auf zahlreichen Ausstellungen im In- und Ausland gezeigt. Besucher in Giesas Alpirsbacher Glasbläserei können dem Kunsthandwerker bei der Arbeit über die Schulter schauen. Dabei erzählt der Glasbläser auch schon mal ganz gern von der Geschichte und der Kunst des Glasbläserhandwerks.

Ort: Alpirsbach, Landkreis Freudenstadt / FDS
Lage: Krähenbadstraße 3
Parken: an der Glasbläserei
Rollstuhl / Kinderwagen: ja
Geöffnet: montags bis freitags 10.00 – 18.00 Uhr, samstags 10.00 – 16.00 Uhr, sonn- und feiertags (ab Ostern) 14.00 – 17.00 Uhr, Führungen nach Anmeldung
Auskunft: Glasbläserei Alpirsbach, Krähenbadstraße 3, 72275 Alpirsbach, Telefon 07444 6009, www.glasblaeserei-alpirsbach.de

Der löwenstarke Anreisetipp: Bf Alpirsbach, weiter mit dem Bus. Fahrplanauskunft für Busse und Bahnen in Baden-Württemberg – die Löwen-Line unter 01805 779966 (14 Ct./Min. aus dt. Festnetz/Mobilfunk abweichend) oder die elektronische Fahrplanauskunft über www.3-loewen-takt.de

Die Suche nach den Torfstechern

Schmale Pfade im Wurzacher Ried

Vor den Toren der Kurstadt Bad Wurzach liegt eins der größten, recht gut erhaltenen Hochmoorgebiete Mitteleuropas. Die Geschichte des 1 813 Hektar großen Wurzacher Rieds beginnt vor 20 000 Jahren. Die Gletscher der Eiszeit hatten sich mit dem Vorrücken ihrer Eispanzer tief in den Untergrund geschoben. Mit der einsetzenden Klimaerwärmung tauten sie ab. Zurück blieben riesige Löcher, die sich mit Schmelz-, Regen- und Grundwasser füllten. Diese so entstandenen Seen verlandeten in den folgenden Jahrtausenden. Sumpfwälder bildeten sich heraus. Nieder- und Hochmoore wuchsen heran. Der Mensch schätzte den Torf als Brennstoff, den er sich im Moor holte. Später erkannte er die heilende Wirkung des dunklen Moorschlamms. Der „Spur der Torfstecher“ im Wurzacher Ried folgt ein 1,5 Kilometer langer Lehrpfad. Er führt über federnde Moorwege, feste Holzbohlenstege, gewundene Sandpfade, durch eine abwechslungsreiche Ried- und Heidelandschaft. Hier und da liegen noch die Schienen der einstigen Moorbahn. Torfloren stehen am Weg. Auf einem Dutzend Schautafeln wird erklärt, wie das Moor entwässert, der Torf gestochen, getrocknet, abgefahren wurde. Ein Torfschuppen ist wieder aufgebaut, eine Torfstechmaschine installiert.

Ort: Bad Wurzach, Landkreis Ravensburg / RV
Lage: am nördlichen Stadtrand
Parken: ehemaliges Torfwerk an der B 465, Dr.-Harry-Wiegand-Straße
Rollstuhl / Kinderwagen: ja, aber etwas schwierig
Geöffnet: immer frei zugänglich
Auskunft: Naturschutzzentrum Bad Wurzach, Rosengarten 1, 88410 Bad Wurzach, Telefon 07564 93120, www.naturschutzzentren-bw.de und Kurverwaltung Bad Wurzach, Mühltorstraße 1, 88410 Bad Wurzach, Telefon 07564 302150, www.bad-wurzach.de

Der löwenstarke Anreisetipp: Bf Kißlegg, weiter mit dem Bus. Fahrplanauskunft für Busse und Bahnen in Baden-Württemberg – die LöwenLine unter 01805 779966 (14 Ct./Min. aus dt. Festnetz/Mobilfunk abweichend) oder die elektronische Fahrplanauskunft über www.3-loewen-takt.de

Römische Kurgäste im Schwarzwald

Kostbare Ruinen in Badenweiler

Schon vor fast 2 000 Jahren war die kleine Kurstadt Badenweiler als Heilbad weltberühmt. Das Römische Reich hatte seine Grenzen weit nach Norden an Rhein und Main vorgeschoben. Offiziere der Besatzungsarmee, Verwaltungsbeamte, Besitzer römischer Gutshöfe in der Rheinebene ließen es sich in den heilbringenden Thermen am Westhang des Schwarzwalds gutgehen. Sogar von jenseits des Rheins aus dem heutigen Elsass und der Schweiz kamen die Kurgäste. In den weitläufigen Thermalanlagen konnten Männer und Frauen gleichzeitig aber – wie in der Antike üblich – in sorgsam abgetrennten Bädern ihre Kuranwendungen genießen. Gebadet wurde im ständig frisch zufließenden, heilkräftigen Thermalwasser. Es gab Hygienebäder, Umkleide-, Massage- und Ruheräume. Im 3. Jahrhundert zogen sich Roms Streitkräfte vor den immer heftiger herandrängenden Alemannenstämmen auf die andere Rheinseite zurück. Die Badeanlagen dürften noch einige Zeit nach dem Abzug der Römer in Betrieb gewesen sein, dann gerieten sie in Vergessenheit und verfielen. Im 20. Jahrhundert wurden die Reste freigelegt, restauriert, mit Schutzdächern versehen. Sie bilden heute die größte und kostbarste römische Ruine rechts des Rheins.

Ort: Badenweiler, Landkreis Breisgau-Hochschwarzwald / FR
Lage: am Kurpark
Parken: im Stadtgebiet
Rollstuhl / Kinderwagen: ja
Geöffnet: April bis Oktober 10.00 – 19.00 Uhr, November bis März 10.00 – 17.00 Uhr
Eintritt: frei mit Landesfamilienpass
Auskunft: Rathaus Badenweiler, Luisenstraße 5,
79410 Badenweiler, Telefon 07632 720, www.badenweiler.de

Der löwenstarke Anreisetipp: Bf Müllheim, weiter mit dem Bus. Fahrplanauskunft für Busse und Bahnen in Baden-Württemberg – die Löwen Line unter 01805 779966 (14 Ct./Min. aus dt. Festnetz/Mobilfunk abweichend) oder die elektronische Fahrplanauskunft über www.3-loewen-takt.de

Der Ehrenlokführer am Kopfbahnhof

Im Museum Deutsche Eisenbahn

Sein ganzes bisheriges Leben hat Hannes Schneider der ernsthaften Beschäftigung mit Modelleisenbahnen gewidmet. Seinen frühen Kindheitstraum, eines Tags als Lokomotivführer über die Schienenwege des Landes zu rollen, hat er sich nicht erfüllen können. Allerdings ist er mittlerweile „Ehrenlokführer“ verschiedener Gesellschaften. In Balingen am Rand der Zollernalb, wo er 1963 geboren wurde, hat Schneider sein privates „Museum Deutsche Eisenbahn“ eingerichtet. Zu der umfangreichen Sammlung gehören zur Zeit 350 Lokomotiven und 600 Waggons unterschiedlicher Spurweiten. Das Museum zählt mehr als 1 500 Fachbücher und -hefte, 750 Zeitschriften, mehr als 13 000 Ansichtskarten, 1 500 Videofilme, ein reichhaltiges Tonarchiv und einige Tausend Dias – alles über Eisenbahnen. Die Museumsschätze sind auf einen Raum für die Modellbahnen, einen Videoraum und die Bibliothek verteilt. An Modellen der Spur Null demonstriert Hannes Schneider die Entwicklung der deutschen Eisenbahn. Vorgeführt wird der betriebstechnische Ablauf auf einem Kopfbahnhof. Auch die Geschichte des Modellbahnbaus in Deutschland nach dem Zweiten Weltkrieg wird gezeigt, dies vor allem an Blechbahnhöfen, Blechstellwerken, Uhrwerkbahnen.

Ort: Balingen, Zollernalbkreis / BL
Geöffnet: nach Voranmeldung
Auskunft: Hannes Schneider, Auf Schmiden 52, 72336 Balingen, Telefon 07433 10191, www.deutscheeisenbahn.de

Der löwenstarke Anreisetipp: Bf Balingen, weiter mit dem Bus. Fahrplanauskunft für Busse und Bahnen in Baden-Württemberg – die LöwenLine unter 01805 779966 (14 Ct./Min. aus dt. Festnetz/Mobilfunk abweichend) oder die elektronische Fahrplanauskunft über www.3-loewen-takt.de

Zu Fuß zu den Neandertalern

Eiszeithöhlen um Blaubeuren

An den Steilhängen der Schwäbischen Alb rund um Blaubeuren hat fließendes Wasser über zehntausende von Jahren hinweg Höhlen und Grotten ausgewaschen. Vor mehr als 50 000 Jahren hielten sich in einigen dieser natürlichen Unterkünfte Urzeitmenschen auf: Neandertaler. Sie wussten schon mit Feuer umzugehen, schlugen rasierklingenscharfe Messer und Speerspitzen aus Feuerstein. In der Höhle „Große Grotte" bauten sie die erste nachgewiesene Mauer der Menschheitsgeschichte. Sie schützte vor den Stürmen der Eiszeit. Die Neandertaler zogen sich vor gut 40 000 Jahren aus der Blaubeurer Gegend zurück und kamen nie wieder. Statt ihrer hielt der moderne Mensch (homo sapiens) Einzug in die verlassenen Höhlen. Er beschäftigte sich schon mit Kunst, schnitzte aus dem Elfenbein von Mammutstoßzähnen kleine Figuren wie Wisent, Wildpferd, Mammut, Bär, auch menschenähnliche Gestalten. Archäologen haben sie in den Blaubeurer Höhlen geborgen. Sie gelten als die ältesten bekannten Kunstwerke der Menschheit. Die Fundorte sind über einen 15 Kilometer langen Rundwanderweg erschlossen. Die Strecke kann in einzelne Abschnitte zerlegt werden. Im Urgeschichtlichen Museum in Blaubeuren gibt's dazu kostenlos eine Wanderkarte mit Beschreibung der Eiszeitfunde und ihrer Fundorte.

Ort: Blaubeuren, Alb-Donau-Kreis / UL
Lage: in den Hängen des Talkessels um Blaubeuren
Parken: im Stadtgebiet Blaubeuren
Geöffnet: einzelne Höhlen sind immer frei zugänglich, andere mit Eisengittern verschlossen, trotzdem gut zu überblicken
Auskunft: Urgeschichtliches Museum, Karlstraße 21, 89143 Blaubeuren, Telefon 07344 9286-0, www.urmu.de

Der löwenstarke Anreisetipp: Fahrplanauskunft für Busse und Bahnen in Baden-Württemberg – die LöwenLine unter 01805 779966 (14 Ct./Min. aus dt. Festnetz/Mobilfunk abweichend) oder die elektronische Fahrplanauskunft über www.3-loewen-takt.de

Alte Geschichten um die Poppel-Mühle

Museums- und Backofenfest in Enzklösterle

Ums Jahr 1705 herum baute sich Johannes Poppel nahe der Enzquelle im nördlichen Schwarzwald eine Sägemühle. Es dauerte nicht lange, da wurde in der näheren Umgebung alles mit dem Namen des Müllers belegt. So kamen die Poppel-Mühle, der nahegelegene Poppelsee, später das ganze Poppeltal zu ihren Namen. Eine Vesperstube gehörte von jeher zur Mühle. Sie verschaffte der Müllersfamilie einen Nebenverdienst. In ihr kehrten am Ende ihres Tagwerks häufig die Waldarbeiter ein. Noch immer wird in der Gegend von tagelangen Trinkgelagen der Holzfäller erzählt. Sagen vom Glasmännlein und vom Holländer-Michel haben sich im Poppeltal gehalten. Heute ist das Mühlengelände ein Ausflugsgebiet. Es gibt ein Mühlenmuseum, eine Brennerei, eine Hufschmiede, den Dorfplatz, den Mühlenstadel, eine Backstube, einen Kinderpark samt Streichelzoo. Mit großem Andrang wird alljährlich am letzten Augustwochenende das „Museums- und Backofenfest“ gefeiert. Dann herrscht in der Poppel-Mühle bäuerlicher Alltag wie vor 100 Jahren mit dem offenen Museum, mit historischem Handwerk, mit Schmieden und Backen für Kinder. Zum Korndreschen wird ein 100 Jahre altes Dampf-Lokomobil eingesetzt. Alle historischen Küchen und Backöfen sind dann in Betrieb.

Ort: Enzklösterle, Landkreis Calw / CW
Lage: im Ortsteil Poppeltal
Parken: an der Poppel-Mühle
Rollstuhl / Kinderwagen: ja
Geöffnet: Mai bis Oktober sonn- und feiertags 11.00 – 19.00 Uhr
Auskunft: Familie Wedening, Mühleweg 11, 75337 Enzklösterle, Telefon 07085 7870, www.poppelmuehle.de

Der löwenstarke Anreisetipp: Bf Bad Wildbad, weiter mit dem Bus. Fahrplanauskunft für Busse und Bahnen in Baden-Württemberg – die Löwen-Line unter 01805 779966 (14 Ct./Min. aus dt. Festnetz/Mobilfunk abweichend) oder die elektronische Fahrplanauskunft über www.3-loewen-takt.de

Mit den Nachtwächtern auf Tour

Wenn es dunkelt in Gengenbach

Der Erholungsort Gengenbach im vorderen Kinzigtal geht auf eine Klostergründung ums Jahr 725 zurück. Aus der dörflichen Ansiedlung um die Abtei entwickelte sich die Freie Reichsstadt. Sie war mit Stadtmauer, Türmen und Toren befestigt. Im Verlauf des Pfälzer Erbfolgekriegs wurde sie 1689 von französischen Truppen niedergebrannt. Aus dem jahrzehntelangen Wiederaufbau ging ein Ort hervor, der wegen seines harmonisch geschlossen wirkenden Stadtbilds gerühmt wird. Das gesamte Ensemble der Gengenbacher Altstadt steht unter Denkmalschutz. In diesem Gewirr von Gässchen und Höfen, stillen Winkeln und verwunschenen Eckchen ertönt, als sei das Mittelalter nicht zu Ende, Nacht für Nacht der beruhigende Ruf der Nachtwächter. Zwölf Stationen gehen sie auf ihrer nächtlichen Runde ab. An jeder wird der Stundenruf gesungen. Besucher Gengenbachs schließen sich dem Rundgang an. Sie tauchen in die Geschichte der Stadt und des Klosters ein. Denn die Nachtwächter plaudern auf ihrer Runde aus, was früher war, und erzählen von den verantwortungsvollen Aufgaben ihrer Vorgänger. Sie schützten vor nächtlichen Dieben und Gaunern, kontrollierten die gefüllten Löschwasserbehälter, schlugen Alarm, wenn Feuer ausbrach. Eine gute Stunde zieht sich so ein Rundgang hin.

Ort: Gengenbach, Ortenaukreis / OG
Treffpunkt: am Marktplatz
Parken: im Stadtgebiet
Rollstuhl / Kinderwagen: ja
Rundgänge: täglich, Mai bis Juli 22.00 Uhr,
August bis Oktober 21.00 Uhr
Auskunft: Kultur- und Tourismus GmbH, Im Winzerhof, 77723 Gengenbach, Telefon 07803 930143, www.gengenbach.info

Der löwenstarke Anreisetipp: Bf Offenburg, weiter mit dem Bus. Fahrplanauskunft für Busse und Bahnen in Baden-Württemberg – die Löwen-Line unter 01805 779966 (14 Ct./Min. aus dt. Festnetz/Mobilfunk abweichend) oder die elektronische Fahrplanauskunft über www.3-loewen-takt.de

Ein Kohlenmeiler darf nicht brennen

Der letzte Köhler auf der Ostalb

Seit dem Jahr 1816 gewinnt die Familie Wengert Kohle aus Holz. „Das liegt in der Familie", pflegte Elisabeth Wengert, im Alter von 95 Jahren gestorbene Großmutter des heutigen Köhlers Georg Wengert, zu sagen, „das kriegst du nicht mehr raus." Zwischen März und Oktober richten Wengerts auf der kreisrunden Kohlplatte nahe der A 7 Ulm – Kempten ihre Meiler her. Kreisförmig um einen Mittelpunkt werden 1 Meter lange Holzscheite möglichst senkrecht in zwei Etagen aufgestellt. Der Stapel wird mit Gras, Laub, Moos, Farn, Zweigen zugedeckt. Zum Schluss wird er mit Erde luftdicht verschlossen. Der Meiler wird oben in der Mitte angezündet. Der Schwelbrand frisst sich keilförmig von der Spitze zum Boden durch den ganzen Stapel. Der Köhler wacht, dass der Meiler nur schwelt, nicht brennt. Nach vier bis sechs Tagen ist die Verkohlung abgeschlossen. Der Meiler wird auseinandergerissen, die Kohle verpackt. Solch einen Meiler aus 25 Raummetern Holz zu bauen, ist ein hartes Geschäft. Am Ende des Kohlprozesses, der alles Wasser aus dem Holz verdrängt, werden ein Viertel des Gewichts und gut die Hälfte des Volumens übrig bleiben. Dieser Rest aber besitzt die doppelte Brennkraft unverkohlten Holzes. An der Köhlerhütte hängt eine ausführliche Beschreibung der Köhlerei auf der Ostalb.

Ort: Heidenheim-Kleinkuchen, Landkreis Heidenheim / HDH
Lage: am Weiler Rotensohl nordwestlich Kleinkuchen
Parken: am Straßenrand nahe der Kohlplatte
Rollstuhl / Kinderwagen: ja
Geöffnet: immer frei zugänglich, vorher bei Georg Wengert fragen unter Telefon 07367 7730, ob „gekohlt" wird
Auskunft: Tourist-Information, Hauptstraße 34, 89522 Heidenheim, Telefon 07321 3274910, www.heidenheim.de

Der löwenstarke Anreisetipp: Fahrplanauskunft für Busse und Bahnen in Baden-Württemberg – die LöwenLine unter 01805 779966 (14 Ct./Min. aus dt. Festnetz/Mobilfunk abweichend) oder die elektronische Fahrplanauskunft über www.3-loewen-takt.de

Bei den Römern in Grinario

Der Archäologische Park Köngen

Im Juni 1988 wurde auf dem Gelände eines um 93 n. Chr. angelegten römischen Militärlagers der „Römerpark Köngen“ eröffnet. Er besteht aus dem immer frei zugänglichen „Archäologischen Park“ und dem kostenpflichtigen „Museum im Römerpark“. Das Museum bildet die römische Ansiedlung „Grinario“ nach, die sich um 100 n. Chr. neben dem Militärlager entwickelt hatte. Aus ihr ist Jahrhunderte später der Ort Köngen hervorgegangen. Das Militärlager war Endpunkt der Römerstraße Neckar-Alb, die in Vindinossa-Windisch im heutigen Schweizer Kanton Aargau begann. Im Jahr 260 wurde Grinario durch einbrechende Alemannen zerstört. Der Ort Köngen wird erstmals in einer Urkunde von 1075 genannt. Das „Museum im Römerpark“ liegt in der Südwestecke des ehemaligen Kastells. Ihm gegenüber in der Südostecke steht ein 1911 vom Schwäbischen Albverein wiederaufgebauter Kastelleckturm. Im Parkgelände sind zwei Dutzend Steindenkmäler aus römischer Zeit aufgestellt. Sie stammen nicht aus „Grinario". Ähnliche Steine könnten dort aber gestanden haben. Auch ein Garten, wie er sicher zur Zeit der Römer unterhalten wurde, liegt im ehemaligen Kastell. Er besteht aus einer Obstbaumwiese, einem Acker mit Fruchtwechsel und einem Gärtchen mit Gewürz- und Heilkräutern.

Ort: Köngen, Landkreis Esslingen / ES
Lage: südlich des Orts Köngen
Parken: am Römerpark
Rollstuhl / Kinderwagen: ja
Geöffnet: *Römerpark*: immer frei zugänglich,
Museum im Römerpark: 1. April bis 1. November dienstags bis donnerstags 9.30 – 12.00 Uhr und 14.00 – 16.00 Uhr, jeden 1. und 3. Sonntag im Monat 13.00 – 17.00 Uhr, gegen Gebühr
Auskunft: Museum im Römerpark Köngen, Altenberg 3, 73257 Köngen, Telefon 07024 85802, http://roemerpark.koengen.de

Der löwenstarke Anreisetipp: Bf Wendlingen, weiter mit dem Bus. Fahrplanauskunft für Busse und Bahnen in Baden-Württemberg – die Löwen-Line unter 01805 779966 (14 Ct./Min. aus dt. Festnetz/Mobilfunk abweichend) oder die elektronische Fahrplanauskunft über www.3-loewen-takt.de

Mithraskult im Odenwald

Badeluxus in Osterburken

Osterburken war in römischer Zeit eins der bedeutendsten Militärlager am obergermanischen Limes. Reste eines mehr als 2 Hektar großen Kohortenkastells liegen südöstlich der heutigen Altstadt. Diesem Lager war ein weiteres Kastell mit einer Fläche von fast 1,5 Hektar angegliedert. Zwei luxuriöse Bäder unterhielten die römischen Truppen am Ort. Das erste ist heute unter einem Kinogebäude verschwunden. Das zweite Bad wurde restauriert und ins Römermuseum übernommen. Jüngste Entdeckung aus dem Jahr 1982 ist ein Bezirk mit zum Teil hervorragend erhaltenen Altarsteinen aus den Jahren 174 bis 238 n. Chr. Den Grundstock der in Osterburkens Römermuseum präsentierten Ausstellung bilden die Funde aus dem nordbadischen Limesgebiet und die alte großherzogliche Römersammlung. Im Erdgeschoss wird die Lebensweise der Menschen beiderseits des Limes vor 1 800 Jahren dargestellt. Das Obergeschoss widmet sich der römischen Religion. Am Beginn stehen die Götter der griechisch-römischen Mythologie. Gezeigt wird, wie sich die römischen Glaubenswelten weiterentwickeln, sich mit einheimischen Traditionen vermischen. Am Ende steht ein Relief der orientalischen Gottheit Mithras als Zeuge eines neu übernommenen Kults.

Ort: Osterburken, Neckar-Odenwald-Kreis / MOS
Lage: Römermuseum in der Altstadt, Kastelle südöstlich am Hang
Parken: im Stadtgebiet
Rollstuhl / Kinderwagen: ja
Geöffnet: dienstags bis sonntags, Winterzeit 10.00 – 17.00 Uhr, Sommerzeit 10.00 – 18.00 Uhr, das Kastellgelände ist immer frei zugänglich
Eintritt: frei mit Landesfamilienpass
Die ehemaligen Kastelle sind immer frei zugänglich.
Auskunft: Römermuseum Osterburken, Römerstraße 4, 74706 Osterburken, Telefon 06291 415266, www.roemermuseum-osterburken.de

Der löwenstarke Anreisetipp: Bf Osterburken, weiter mit dem Bus. Fahrplanauskunft für Busse und Bahnen in Baden-Württemberg – die Löwen-Line unter 01805 779966 (14 Ct./Min. aus dt. Festnetz/Mobilfunk abweichend) oder die elektronische Fahrplanauskunft über www.3-loewen-takt.de

Nächtlicher Besuch im Verlies

Bei den Nachtwächtern in Weil der Stadt

Seit 2002 sind Manfred Nittel und Gerd Diebold jeden zweiten Freitagabend als Nachtwächter in Weil der Stadt unterwegs. Sie lassen eine jahrhundertealte Tradition wiederaufleben, die in dem Städtchen im Heckengäu westlich von Stuttgart schon im 13. Jahrhundert bestand und erst 1949 mit dem letzten Nachtwächter und Ausscheller Franz Schöninger zu Ende ging. Allerdings hat sich ihr Amt stark gewandelt. Der Nachtwächter ist nicht mehr der Hüter der Sicherheit in der Stadt und der Nachtruhe ihrer Bürger. Auch ist er nicht bis zum Hähnekrähen unterwegs, und in den Wintermonaten ruht er von seiner Arbeit aus. Der Nachtwächter unserer Tage ist eine Art gehobener Fremdenführer, der seine Gruppen zu ungewöhnlicher Stunde durch die nachtdunklen Gassen und verwunschenen Winkel seiner Heimatstadt führt. So auch Manfred Nittel und Gerd Diebold. Gut zwei Stunden sind sie nächtlicherweise unterwegs und durchstreifen – ausgerüstet mit Hellebarde, Horn und Laterne – die Geschichte der Altstadt. Sie erzählen unterwegs von Begebenheiten und Ereignissen der Vergangenheit, darunter Verwunderliches, auch Gruseliges. Die Stadtmauer wird begangen, das Verlies im Roten Turm besucht. Wird unterwegs ein „Bösewicht" ergriffen, der „ausgepeitscht" werden muss, kann ein Rundgang dauern.

Ort: Weil der Stadt, Landkreis Böblingen / BB
Treffpunkt: Marktplatz, unter den Rathausarkaden
Parken: im Stadtgebiet
Rollstuhl / Kinderwagen: nein
Rundgänge: 14-tägig, freitags, April bis Oktober
Auskunft: Manfred Nittel: Telefon 07033 34643, Gerd Diebold: Telefon 07033 137738, Stadtverwaltung Weil der Stadt, Marktplatz 4, 71263 Weil der Stadt, Telefon 07033 5210, www.weil-der-stadt.de
Hinweis: Erwachsene 2,50 Euro, mit denen die Nachtwächter tagsüber historische Orte der einst Freien Reichsstadt restaurieren

Der löwenstarke Anreisetipp: Bf Weil der Stadt, weiter zu Fuß. Fahrplanauskunft für Busse und Bahnen in Baden-Württemberg – die LöwenLine unter 01805 779966 (14 Ct./Min. aus dt. Festnetz/Mobilfunk abweichend) oder die elektronische Fahrplanauskunft über www.3-loewen-takt.de

Schuhentsorgung im Kastellbrunnen

Roms Erbe in Welzheim

Mit zwei Kastellen zählte Welzheim im 2./3. Jahrhundert zu den wichtigsten römischen Truppenstandorten am Limes. Das Westkastell ist heute vollständig überbaut. Das Ostkastell wurde 1886 und 1894 untersucht. Zu den wichtigsten Grabungsfunden gehörten mehr als 100 Schuhe, die aus einem der Kastellbrunnen geborgen wurden. Nach weiteren Grabungen in den Jahren 1976/77 wurden 1980 das Westtor des Kastells, Teile der Kastellmauern und des Wehrgangs in Originalgröße rekonstruiert. Der Ausbau der Anlage zum Archäologischen Park folgte 1993. Wiederhergestellt wurden dazu ein römischer Brunnen, die Lagerringstraße, die Grundmauern eines Bades und eines Getreidespeichers. Inschriften aus Militär und Verwaltung geben Einblick in die Zeit zwischen 150 und 260 n. Chr. Im Kastell aufgestellte Abgüsse von Altären und Götterfiguren zeigen die religiösen Vorstellungen jener Zeit. Schautafeln im Informationspavillon und auf dem Kastellgelände erläutern den römischen Alltag. Mit einer Grundfläche von 4,3 Hektar war das Kastell eins der größten römischen Militärlager am Limes. Wenig nördlich von Welzheim liegt an der „Deutschen Limes-Straße" das Kleinkastell Rötelsee. Seine Größe von nur 324 Quadratmetern erlaubte eine Besatzung von höchstens 20 Soldaten.

Ort: Welzheim, Rems-Murr-Kreis / WN
Lage: Archäologischer Park an der Rienharzer Straße
Parken: am Kastell
Rollstuhl / Kinderwagen: ja
Geöffnet: immer frei zugänglich
Auskunft: Rathaus Welzheim, Kirchplatz 3, 73642 Welzheim, Telefon 07182 800815, www.welzheim.de und www.ostkastell-welzheim.de

Der löwenstarke Anreisetipp: Bf Rudersberg, weiter mit dem Bus. Fahrplanauskunft für Busse und Bahnen in Baden-Württemberg – die Löwen-Line unter 01805 779966 (14 Ct./Min. aus dt. Festnetz/Mobilfunk abweichend) oder die elektronische Fahrplanauskunft über www.3-loewen-takt.de

Durch Moor

und Heide

Eine Moorlandschaft mit Diplom

Im Naturschutzzentrum Bad Wurzach

Das Naturschutzzentrum Bad Wurzach wurde 1985 gemeinsam vom Land Baden-Württemberg, dem Landkreis Ravensburg und der Stadt Bad Wurzach eingerichtet. Seine Hauptaufgabe besteht darin, die 1 813 Hektar große, noch weithin intakte Moorlandschaft des Wurzacher Rieds zu betreuen. Diese von Beginn an erfolgreiche Arbeit wurde schon vier Jahre nach Gründung des Zentrums mit dem Europadiplom ausgezeichnet. Herzstück des Naturschutzzentrums ist die Dauerausstellung „Faszination Moor". In ihr wird gezeigt, wie sich das Wurzacher Ried über einen Zeitraum von mehr als 20 000 Jahren zu seinem heutigen Stand entwickelt hat. Angefangen hatte alles mit einem riesigen Gletscher. Der eröffnet heute als dreidimensionales Modell den Rundgang durch die Dauerausstellung. Bildwände, Dioramen und interaktive Medien führen den Besucher durch die dem Menschen heute doch eher fremde Welt des Moors. Mitten in der Ausstellung wartet der „Spielofant" auf Kinder. Das Naturschutzzentrum ist auch der Ansprechpartner für alle, die einen Ausflug ins Moor unternehmen möchten. Familien, Schulklassen, Kindergärten, Vereine, auch Einzelgänger werden beraten. Zudem gibt es eine Menge Heftchen, Faltblätter, Broschüren, die übers Zentrum und sein Moor unterrichten – fast alles kostenlos.

Ort: Bad Wurzach, Landkreis Ravensburg / RV
Lage: in der Stadtmitte am Kurpark
Parken: im Stadtgebiet
Rollstuhl / Kinderwagen: ja
Geöffnet: montags bis samstags 13.30 – 17.00 Uhr,
sonn- und feiertags 10.00 – 17.00 Uhr
Auskunft: Naturschutzzentrum Bad Wurzach, Rosengarten 1,
88410 Bad Wurzach, Telefon 07564 93120,
www.naturschutzzentren-bw.de

Der löwenstarke Anreisetipp: Bf Aulendorf, weiter mit dem Bus. Fahrplanauskunft für Busse und Bahnen in Baden-Württemberg – die Löwen-Line unter 01805 779966 (14 Ct./Min. aus dt. Festnetz/Mobilfunk abweichend) oder die elektronische Fahrplanauskunft über www.3-loewen-takt.de

Schaf Resi berichtet von der Donau

Im Naturschutzzentrum Beuron

Seit 1996 unterhalten das Naturschutzzentrum Beuron und der Naturpark-Verein Obere Donau gemeinsam das „Haus der Natur", das einmal das Bahnhofsgebäude Beuron war. Allerdings wurde nur das Bahnbauwerk selbst zweckentfremdet. Die Züge durchs Donautal halten im Zweistundentakt in beiden Richtungen immer noch in Beuron. Im Sommer rollt sogar zusätzlich der Naturpark-Express durchs Tal. Naturschutzzentrum und Naturpark-Verein pflegen die landschaftliche Schönheit und Einzigartigkeit des Naturparks. Die Dauerausstellung im Haus führt in die Region Obere Donau ein, erläutert das tief in die Schwäbische Alb eingeschnittene Flusstal und stellt die angrenzenden Hochflächen vor. Das Zentrum ist auf Kinderbesuch eingerichtet. Da dürfen alle mal so richtig anfassen, ausprobieren, umräumen. Dazu erzählt ihnen Schaf Resi allerhand über die Landschaft rund um Beuron, über die Wacholderheiden und natürlich von der Schwäbischen Alb. Wechselausstellungen greifen unterschiedliche Themen auf, die sich jedoch immer auf die Region Obere Donau beziehen. Der Naturpark-Ranger wandert mit Kindergruppen oder auch Familien in die Landschaft hinaus. Gemeinsam durchstreifen sie den Wald, ermitteln über Wasserproben den Zustand der Donau, bestimmen Tier- und Pflanzenarten.

Ort: Beuron, Landkreis Sigmaringen / SIG
Lage: am Bahnhof Beuron
Parken: am Haus der Natur
Rollstuhl / Kinderwagen: ja
Geöffnet: montags bis freitags 9.00 – 17.00 Uhr,
im Sommer auch samstags und sonntags 13.00 – 17.00 Uhr
Auskunft: Naturschutzzentrum Obere Donau, Haus der Natur,
Wolterstraße 16, 88631 Beuron, Telefon 07466 9280-0,
www.naturpark-obere-donau.de

Der löwenstarke Anreisetipp: Bf Beuron, weiter zu Fuß. Fahrplanauskunft für Busse und Bahnen in Baden-Württemberg – die LöwenLine unter 01805 779966 (14 Ct./Min. aus dt. Festnetz/Mobilfunk abweichend) oder die elektronische Fahrplanauskunft über www.3-loewen-takt.de

Lichtblauer Blütenteppich mit Iris Sibirica

Im Naturschutzzentrum Eriskirch

Seit 1994 besteht im alten Bahnhof Eriskirch als gemeinnützige Stiftung das „Naturschutzzentrum Eriskirch". Die Betriebskosten tragen das Land Baden-Württemberg und der Bodenseekreis. Die Gemeinde Eriskirch stellt das Bahnhofsgebäude. Das Zentrum liegt am Rand des Eriskircher Rieds, größtes und wertvollstes Naturschutzgebiet am

Nordufer des Bodensees. Motto des Hauses ist „Natur erleben – erkennen – schützen". Denn, so heißt es dort, für den Schutz der Natur trete nur ein, wer sie kenne und dem sie ans Herzen gewachsen sei. Dazu unterhält das Naturschutzzentrum eine Dauerausstellung über den Bodensee und das Eriskircher Ried und richtet immer wieder auch Sonderausstellungen zu Naturthemen ein. Führungen durch die Ausstellungen wie durchs Ried stehen im Programm. Fast alle Angebote sind kostenlos. Von Mitte Mai bis Anfang Juni zeigt sich das „Eriskircher Ried" in einer ganz besonderen Pracht. Zehntausende „Sibirische Schwertlilien" (Iris Sibirica) versetzen die Landschaft direkt am Bodenseeufer in einen lichtblauen Blütenteppich. Doch auch zu anderen Jahreszeiten ist das Ried ein wunderbares Ausflugsziel. Erst recht im Winter, wenn ungezählte nordische Wasservögel den See bevölkern, unter ihnen der Singschwan und zahllose Wildgänse.

Ort: Eriskirch, Bodenseekreis / FN
Lage: alter Bahnhof
Parken: am Naturschutzzentrum
Rollstuhl / Kinderwagen: ja
Geöffnet: *Eriskircher Ried*: immer frei zugänglich, *Ausstellung*: April bis September dienstags bis sonntags und feiertags 14.00 – 17.00 Uhr, freitags zusätzlich 9.00 – 12.00 Uhr, Oktober bis März dienstags bis donnerstags 14.00 – 16.00 Uhr, freitags 9.00 – 12.00 Uhr, sonn- und feiertags 14.00 – 17.00 Uhr
Auskunft: Naturschutzzentrum Eriskirch, Bahnhofstraße 24, 88097 Eriskirch, Telefon 07541 81888, www.naturschutzzentren-bw.de

Der löwenstarke Anreisetipp: Bf Eriskirch, weiter zu Fuß. Fahrplanauskunft für Busse und Bahnen in Baden-Württemberg – die LöwenLine unter 01805 779966 (14 Ct./Min. aus dt. Festnetz/Mobilfunk abweichend) oder die elektronische Fahrplanauskunft über www.3-loewen-takt.de

Gesucht: Anton, der Auerhahn

Im Naturschutzzentrum Südschwarzwald

Anton, der Auerhahn, ist am Feldberg im südlichen Schwarzwald daheim. Heute ist Post für ihn eingetroffen. Doch Ferdinand von der Wichtelpost findet den Empfänger nicht. Auf seinem Postweg trifft er den Feldbergwichtel Velt und bittet ihn um Hilfe. Gemeinsam machen sie sich auf die Suche. Anton ist auch nicht auf seinem Schlafbaum. Der Wichtelwirt Wuchtig hat ihn heute nicht gesehen. Ratlos sind sogar Specht Dietwald, Waldapotheker Hypogymus und auch Waldfee Violeta. Fridolin, der Fuchs, kann nicht helfen, weil er fest schläft. Endlich finden die Postboten Anton im Wichteldorf Felsendobel. Der Brief wird ihm ausgehändigt. „Was aber drin steht", sagen sie im Naturschutzzentrum, „und wer ihn dem Anton geschickt hat, das muss jeder selbst rausfinden." Der Wichtelpfad nah am Naturschutzzentrum in der Gemeinde Feldberg ist knapp 2 Kilometer lang, ungefähr 2 400 Kinderschritte also, und bei normaler Witterung geöffnet. Im Winter ist er geschlossen. Das Naturschutzzentrum unterhält außerdem eine interaktive Ausstellung mit virtueller Ballonfahrt und 3D-Schau zur Landschaft des Südschwarzwalds, ihren typischen Tieren und Pflanzen und zur Nutzung des Gebietes durch den Menschen. Auch Führungen ins Naturschutzgebiet Feldberg werden angeboten.

Ort: Gemeinde Feldberg, Landkreis Breisgau-Hochschwarzwald / FR
Lage: unweit der Bushaltestelle Feldberger Hof
Parken: am Haus der Natur
Rollstuhl / Kinderwagen: nein, Tragekraxen werden ausgeliehen
Geöffnet: *Wichtelpfad*: zwischen Pfingsten und Herbstferien immer frei zugänglich, *Naturschutzzentrum*: täglich 10.00 – 17.00 Uhr
Auskunft: Naturschutzzentrum Südschwarzwald, Dr.-Pilet-Spur 4, 79868 Feldberg, Telefon 07676 933630, www.naturschutzzentren-bw.de

Der löwenstarke Anreisetipp: Bf Bärental, weiter mit dem Bus. Fahrplanauskunft für Busse und Bahnen in Baden-Württemberg – die LöwenLine unter 01805 779966 (14 Ct./Min. aus dt. Festnetz/Mobilfunk abweichend) oder die elektronische Fahrplanauskunft über www.3-loewen-takt.de

Ein Lebensraum für Spezialisten

Hochmoor auf dem Kaltenbronn

Schon in der ersten Hälfte des 20. Jahrhunderts wurde das Hochmoor auf dem Kaltenbronn unter Naturschutz gestellt. Es liegt im Murgtal mitten in einem riesigen Waldgebiet von fast noch urwüchsigem Zuschnitt. Die Anfänge des Moors reichen mehr als 10 000

Jahre zurück bis ans Ende der jüngsten Eiszeit. Als die Gletscher auftauten, konnten Schmelz- und Regenwasser nicht ablaufen, in den undurchlässigen Sandsteinschichten aber auch nicht versickern. Die entstandenen Seen verlandeten über die Jahrtausende zu großen Teilen. Aus dem zunächst gebildeten Niedermoor wurde ein Hochmoor mit einer heute gut acht Meter starken Torfdecke. Wie alle Moore ist auch der Kaltenbronn ein Lebensraum für Spezialisten unter Tieren und Pflanzen. Sie müssen mit dem kargen Nahrungs- und Nährstoffangebot auskommen, das ein Moor nun mal bietet. Die selten gewordenen Auerhühner haben am Kaltenbronn noch ein Zuhause. Für Ausflügler sind Rundwanderwege angelegt worden. Holzbohlenstege führen an die Seen im Hohloh- und im Wildseemoor heran. Vom Hohlohturm bietet sich 1 000 Meter über dem Meer ein schöner Blick hinunter ins Murgtal und weit darüber hinaus auf die Höhen des Schwarzwalds und bei guter Sicht in die französischen Vogesen jenseits des Rheins.

Ort: Gernsbach, Landkreis Calw / CW
Lage: südlich Gernsbach im Murgtal
Parken: am Info-Zentrum Kaltenbronn
Rollstuhl / Kinderwagen: Auskunft am Infozentrum, welcher Weg geeignet ist
Geöffnet: Moore immer frei zugänglich, Infozentrum gegen Gebühr
Auskunft: Infozentrum Gernsbach-Kaltenbronn, Kaltenbronn 600, 76593 Gernsbach-Kaltenbronn, Telefon 07224 655197, www.infozentrum-kaltenbronn.de

Der löwenstarke Anreisetipp: Bf Gernsbach, weiter mit dem Bus. Fahrplanauskunft für Busse und Bahnen in Baden-Württemberg – die Löwen-Line unter 01805 779966 (14 Ct./Min. aus dt. Festnetz/Mobilfunk abweichend) oder die elektronische Fahrplanauskunft über www.3-loewen-takt.de

Auf dem Holzsteg mitten ins Moor

Größtes Moorgebiet im Schwarzwald

Seit 1941 steht das Hinterzartener Moor mit seinen bis zu drei Meter mächtigen Torfschichten unter Naturschutz. Es bildet auf einer Fläche von gut 70 Hektar das größte Moorgebiet im Schwarzwald. Zwar ist hier vor Zeiten gelegentlich Torf als Brennmaterial gestochen worden. Ein regelrechter Abbau aber kam nie zustande. Die Gebiete, in denen sich die Menschen in mühevoller Handarbeit ihren Torf selbst ausgruben, hat sich die Natur zum Teil schon zurückgeholt. Die Pflanzen- und Tierwelt des Hinterzartener Moors gilt als bemerkenswert. Ebenso seine Lage auf einer Wasserscheide. Der Westteil des Moors führt sein Wasser zunächst in den Rotbach, der bald zum Höllenbach wird, das Höllental hinunterstürzt und schließlich mit der Dreisam in den Oberrhein mündet. Nach Osten fließt das Moorwasser mit der Gutach ab, die in der Wutach aufgeht und mit ihr zusammen bei Waldshut den Hochrhein erreicht.

Das Moor liegt nur wenige Minuten von Hinterzartens Ortsmitte entfernt. Die Wege ins Naturschutzgebiet sind gut ausgeschildert. Vorbei an Wollgras, Heidekraut und Birken, an großen Löchern voll dunklen Moorwassers gelangt der Wanderer auf einem Holzsteg sogar bis in die Mitte des Moors. Auf einem Rundweg geht's zurück.

Ort: Hinterzarten, Landkreis Breisgau-Hochschwarzwald / FR
Lage: nordöstlich des Bahnhofs
Parken: am Bahnhof hinter dem Postgebäude, Ortseingang, Kurhaus
Rollstuhl / Kinderwagen: ja, Steigung nach dem Moorquerweg
Geöffnet: immer frei zugänglich
Auskunft: Hinterzarten Breitnau Tourismus GmbH, Freiburger Straße 1, 79856 Hinterzarten, Telefon 07652 12060, www.hinterzarten-breitnau.de

Der löwenstarke Anreisetipp: Bf Hinterzarten, weiter zu Fuß. Fahrplanauskunft für Busse und Bahnen in Baden-Württemberg – die LöwenLine unter 01805 779966 (14 Ct./Min. aus dt. Festnetz/Mobilfunk abweichend) oder die elektronische Fahrplanauskunft über www.3-loewen-takt.de

Der Weg des Regentropfens Pitsch

Im Naturschutzzentrum Rappenwört

Im Jahr 1996 wurde das Naturschutzzentrum Rappenwört eröffnet. Es liegt auf einer bewaldeten, rund 130 Hektar großen, vom Rhein und einem Altrheinarm gebildeten Insel am Südwestrand Karlsruhes. Den Flurnamen deuten Forscher als „Rabeninsel". Das Zentrum veranstaltet Ausstellungen, Vorträge, Seminare, naturkundliche Führungen, Kinder- und Familientage. Ziel ist, den Naturschutzgedanken weiterzugeben an Kinder, Jugendliche und Erwachsene, an Verbände und Organisationen, an Lehrer und Schulklassen. Eine Dauerausstellung gibt Einblick in die Natur der Rheinaue. Schautafeln und Modelle erklären die Entstehungsgeschichte des Rheins. Auch auf die ökologische Bedeutung der Rheinauen und ihre Gefährdung durch menschliches Handeln wird hingewiesen. Die vom Menschen vorgenommenen Veränderungen der Rheinauen werden in einer Computersimulation verständlich gemacht. Im Kinder- und Familienerlebnisraum geht es spielerisch und kindgerecht zu. Da unternimmt „Pitsch", der Regentropfen, eine weite Reise hinaus ins ferne Weltmeer. Draußen im Freien gibt es den Walderlebnispfad und die Auenwald-Rallye. Fast alles ist kostenlos. Nur ein paar Veranstaltungen für bestimmte Jahrgangsgruppen müssen bezahlt werden.

Ort: Karlsruhe / KA
Lage: Rheinauen Karlsruhe-Rappenwört
Parken: am Wildgehege Hermann-Schneider-Allee oder Rheinstrandbad
Rollstuhl / Kinderwagen: ja
Geöffnet: immer frei zugänglich, *Ausstellung*: April bis September dienstags bis freitags 12.00 – 18.00 Uhr, sonn- und feiertags 11.00 – 18.00 Uhr, Oktober bis März dienstags bis freitags 12.00 – 17.00 Uhr, sonn- und feiertags 11.00 – 17.00 Uhr
Auskunft: Naturschutzzentrum Karlsruhe-Rappenwört, Hermann-Schneider-Allee 47, 76189 Karlsruhe, Telefon 0721 950470, www.naturschutzzentren-bw.de

Der löwenstarke Anreisetipp: Hbf Karlsruhe, weiter mit der Bahn. Fahrplanauskunft für Busse und Bahnen in Baden-Württemberg – die Löwen-Line unter 01805 779966 (14 Ct./Min. aus dt. Festnetz/Mobilfunk abweichend) oder die elektronische Fahrplanauskunft über www.3-loewen-takt.de

Einmal Moor hin und zurück

Im Arrisrieder Moos

Das Arrisrieder Moos beim Allgäustädtchen Kißlegg ist wie fast alle Moore in Oberschwaben und im württembergischen Allgäu nach dem Abklingen der Eiszeiten vor rund 10 000 Jahren entstanden. Anders aber als die meisten Moorlandschaften in der Region ist das Moos von Arrisried keins der üblichen Verlandungsmoore. Es hat sich nicht über einem nach und nach zugewachsenen See gebildet, den ein abklingender Gletscher hinterlassen hat. Das Arrisrieder Moos ist ein Versumpfungsmoor. Es ist unmittelbar auf dem vom Gletscher hinterlassenen Schutt gewachsen. Anfangs hat sich aus Schmelz- und Regenwasser morastiges Gelände ausgebildet. Auf ihm entwickelte sich ein Flachmoor, das stetig in die Höhe wuchs. Im Verlauf von mehr als 10 000 Jahren haben sich vier Meter mächtige Torfmassen aufgeschichtet. In dieses Moor hinein haben Schüler des Wangener Rupert-Neß-Gymnasiums mit Rat und Hilfe des Forstamts Wangen einen Lehrpfad gelegt. Ein Dutzend Tafeln erklären, woher das Moor kommt, wie es zum Torfabbau genutzt wurde, welche Tiere und Pflanzen in ihm leben, welche Gefahren ihm drohen. In knapp zwei Stunden ist der 3,5 Kilometer lange Stichweg quer durchs Moor leicht abgewandert. Er ist allerdings kein Rundweg. Es geht auf dem Hinweg zurück.

Ort: Kißlegg, Landkreis Ravensburg / RV
Lage: 4 km südlich Kißlegg
Parken: am Straßenrand
Rollstuhl / Kinderwagen: nein
Geöffnet: immer frei zugänglich
Auskunft: Gäste- und Bürgerbüro Kißlegg, Rathaus, Schloßstraße 5, 88353 Kißlegg, Telefon 07563 936143, www.kisslegg.de

Der löwenstarke Anreisetipp: Fahrplanauskunft für Busse und Bahnen in Baden-Württemberg – die LöwenLine unter 01805 779966 (14 Ct./Min. aus dt. Festnetz/Mobilfunk abweichend) oder die elektronische Fahrplanauskunft über www.3-loewen-takt.de

Neues Leben im alten Steinbruch

Im Naturschutzzentrum Schopflocher Alb

Das „Naturschutzzentrum Schopflocher Alb“ wurde 1996 eröffnet. Sein Entstehen verdankt es letztlich einem stillgelegten Marmorsteinbruch.

Von 1929 bis in die 1970er Jahre hinein war auf der Schopflocher Alb Juramarmor abgebaut worden. Der Steinbruch wurde 1974 geschlossen. In dem stillgelegten, vom Menschen kaum mehr berührten gut drei Hektar weiten Loch entwickelte die Natur neues Leben. Zahlreiche, auch seltene und gefährdete Tier- und Pflanzenarten siedelten sich binnen weniger Jahre in der urtümlichen Landschaft an. In den Eingang zu diesem neuen Lebensraum wurde das Naturschutzzentrum gebaut. Es betreut die in der Nähe liegenden Naturschutzgebiete „Randecker Maar“, „Schopflocher Torfgrube“ und „Oberes Lenninger Tal“. Im Haus selbst wird eine Dauerausstellung zu Landschaft und Lebensräumen der Schwäbischen Alb gezeigt. Im Kinderspielraum gibt es das „Sprechende Schaf“ und ein Wildbienenspiel. Neben dem Lehr- und Ausstellungsgebäude ist ein Naturspielplatz mit Höhle, Kletterbaum, Beobachtungsplatz angelegt. Im Schaugarten nebenan werden typische Pflanzen der Schwäbischen Alb gezogen. Der Bauerngarten pflegt Gewürz-, Heil- und Nutzpflanzen.

Ort: Lenningen-Schopfloch, Landkreis Esslingen / ES
Lage: Albhochfläche nahe Schopfloch an der Straße nach Bissingen
Parken: am Naturschutzzentrum
Rollstuhl / Kinderwagen: ja
Geöffnet: dienstags bis freitags 14.00 – 17.00 Uhr, sonntags 11.00 – 17.00 Uhr, Spielplatz, Schau- und Bauerngarten immer frei zugänglich
Auskunft: Naturschutzzentrum Schopflocher Alb, Vogelloch 1, 73252 Lenningen-Schopfloch, Telefon 07026 950120, www.naturschutzzentren-bw.de

Der löwenstarke Anreisetipp: Fahrplanauskunft für Busse und Bahnen in Baden-Württemberg – die LöwenLine unter 01805 779966 (14 Ct./Min. aus dt. Festnetz/Mobilfunk abweichend) oder die elektronische Fahrplanauskunft über www.3-loewen-takt.de

Computergesteuertes Landschaftsmodell

Im Naturschutzzentrum Ruhestein

Im Herbst 1997 wurde das Naturschutzzentrum Ruhestein im nördlichen Schwarzwald eröffnet. Es soll Besuchern ermöglichen, die Natur hautnah zu erleben. Zugleich soll es ihnen aber auch ihre Verantwortung für die Tier- und Pflanzenwelt bewusst machen. Dazu bietet das Zentrum das ganze Jahr hindurch Veranstaltungen für Kinder wie für Erwachsene an. Spielerisch, dann auch wieder wissenschaftlich wird über ökologische Zusammenhänge und über die Gefährdung der Landschaft berichtet. Besucher werden für den schonenden Umgang mit der Natur gewonnen – nicht mit Belehren, sondern durch Überzeugen. In seiner Dauerausstellung präsentiert das Zentrum die ganze Welt des Nordschwarzwalds mit seiner Geologie, seiner Tier- und Pflanzenwelt, seiner Nutzung in der Vergangenheit und den Schutzmöglichkeiten. Wechselausstellungen greifen Themen zu Natur und Landschaft auf und vertiefen sie. Dazu gehören von Zeit zu Zeit auch Kunstausstellungen. Schließlich gibt es einen gesonderten Raum im Zentrum mit einem computergesteuerten Landschaftsmodell. Es bildet das Gelände zwischen Kappelrodeck, Forbach, Freudenstadt und Bad Peterstal naturgetreu ab. Zusätzlich betreut das Zentrum am Ruhestein sechs Naturschutzgebiete mit einer Gesamtfläche von gut 2 600 Hektar.

Ort: Seebach, Ortenaukreis / OF
Lage: an der Schwarzwaldhochstraße
Parken: am Naturschutzzentrum
Rollstuhl / Kinderwagen: nein
Geöffnet: Oktober bis April täglich außer montags und freitags 10.00 – 17.00 Uhr, Mai bis September täglich außer montags und freitags 10.00 – 18.00 Uhr, auch sonn- und feiertags
Auskunft: Naturschutzzentrum Ruhestein, Schwarzwaldhochstraße 2, 77889 Seebach, Telefon 07449 91020, www.naturschutzzentren-bw.de

Der löwenstarke Anreisetipp: Hbf Freudenstadt, weiter mit dem Bus. Fahrplanauskunft für Busse und Bahnen in Baden-Württemberg – die Löwen-Line unter 01805 779966 (14 Ct./Min. aus dt. Festnetz/Mobilfunk abweichend) oder die elektronische Fahrplanauskunft über www.3-loewen-takt.de

Auf federndem Weg ins Moor

Naturschutzzentrum Wilhelmsdorf

Das 1994 eröffnete Naturschutzzentrum des Schwäbischen Heimatbunds in Wilhelmsdorf betreut die Naturschutzgebiete im Pfrunger-Burgweiler Ried. Dieses mit 2 600 Hektar nach dem Federsee

zweitgrößte Moor in Südwestdeutschland ist mit seinen rund 1 600 zum Teil hochbedrohten Tier- und Pflanzenarten von überregionaler, ja sogar internationaler Bedeutung. Eine Dauerausstellung im Naturschutzzentrum zeigt die geologische Entwicklung, die Kulturgeschichte und die Ökologie der Moore in der Region. In einer Mitmach-Schau lernen Kinder Natur kennen. Schulklassen und Jugendgruppen forschen im Sommerklassenzimmer und in der Naturerlebnisschule. Vom Naturschutzzentrum führen Spazier- und Wanderwege direkt ins Ried. Ein kurzer Rundgang läuft auf federndem Grund gut 1 Kilometer weit durch ein kleines Moorgebiet. Es geht an großen, dunklen Wasserkuhlen vorüber und an kleinen Inseln, über hölzerne Stege und manches Brücklein. Ein gutes Dutzend Schautafeln erklären, was zu sehen ist und wie die Landschaft entstand. Die Wasserscheide zwischen Rhein und Donau wird überquert. Doppelt so lang ist der zweite Lehrpfad, der an einem „überwachsenen See“ vorüber zu einem kleinen Hochmoor führt und danach zum Naturschutzzentrum zurückläuft.

Ort: Wilhelmsdorf, Landkreis Ravensburg / RV
Lage: am nördlichen Ortsrand
Parken: am Naturschutzzentrum
Rollstuhl / Kinderwagen: ja, nicht auf den Moorpfaden
Geöffnet: Moorpfade immer frei zugänglich, Naturschutzzentrum März bis Oktober sonn- und feiertags 13.30 – 17.00 Uhr, werktags zu Bürozeiten und auf Anfrage
Auskunft: SHB-Naturschutzzentrum Pfrunger-Burgweiler Ried, Riedweg 3, 88271 Wilhelmsdorf, Telefon 07503 739, www.schwaebischer-heimatbund.de

Der löwenstarke Anreisetipp: Bf Ravensburg, weiter mit dem Bus. Fahrplanauskunft für Busse und Bahnen in Baden-Württemberg – die Löwen-Line unter 01805 779966 (14 Ct./Min. aus dt. Festnetz/Mobilfunk abweichend) oder die elektronische Fahrplanauskunft über www.3-loewen-takt.de

Über Berg und Tal

Fernhandel vor 2 500 Jahren

Am Ipf bei Bopfingen

Auf dem 668 Meter hohen Ipf saß vor 2 500 Jahren vermutlich ein Keltenfürst. Er konnte sich einen großzügigen Lebensstil leisten. Denn er war wohlhabend geworden durch Eisenerz, das er in der Umgebung des Berges und auf dem nahen Härtsfeld gewann. Ein paar hundert Meter östlich des Ipf haben Archäologen Reste keltischer Gehöfte ausgegraben. Nahe dem Weiler Osterholz untersuchten sie ein Hügelgrab. An beiden Plätzen fanden sie Waren,

die der Fürst aus dem Mittelmeerraum eingeführt hatte. Amphoren waren darunter für den Transport südländischer Öle und Weine, dazu Keramikschalen aus Athen, ein vornehmes Tafelservice. Ein Fürstengeschlecht, das solcherart Güter erwerben konnte, musste zu seiner Zeit wirklich vermögend gewesen sein. Ihren Wohnsitz unterhielt die Familie vermutlich in den Gehöften auf der windgeschützten Ebene am Fuß des Ipf. Auf dem immer zugigen Berggipfel dürfte eher ein Repräsentationsbau gestanden haben, allerdings so stark befestigt, dass er als Fluchtburg und zur Verteidigung dienen konnte. Das ovale Gipfelplateau hat einen Durchmesser von 180 Metern. Es ist noch heute von einem ganzen System gut erkennbarer Wälle und Gräben umfasst. Der Ipf, Wahrzeichen der Stadt Bopfingen und ihres Umlands, wartet mit einer großartigen Fernsicht auf.

Ort: Bopfingen, Ostalbkreis / AA
Lage: am nördlichen Ortsrand
Parken: am Osthang des Ipf
Rollstuhl: nein / **Kinderwagen**: ja, aber anstrengend
Geöffnet: immer frei zugänglich
Auskunft: Stadt Bopfingen, Marktplatz 1, 73441 Bopfingen, Telefon 07362 80122, www.bopfingen.de

Der löwenstarke Anreisetipp: Bf Bopfingen, weiter mit dem Bus. Fahrplanauskunft für Busse und Bahnen in Baden-Württemberg – die Löwen-Line unter 01805 779966 (14 Ct./Min. aus dt. Festnetz/Mobilfunk abweichend) oder die elektronische Fahrplanauskunft über www.3-loewen-takt.de

Höchste Aussichten am Höchsten

Schwäbisch-Alemannisches im Linzgau

Mit 837,8 Metern bildet der Höchsten im Linzgau die höchste Erhebung im schwäbischen Alpenvorland. Der Berg ist Teil der Hauptwasserscheide zwischen Rhein und Donau. Auf dem Gipfel treffen die Grenzen der Landkreise Ravensburg, Sigmaringen und des Bodenseekreises zusammen. Am höchsten Punkt steht ein Pavillon, der einen herrlichen Blick über den Bodensee, das Alpenvorland und hinüber auf die österreichische und Schweizer Alpenkette freigibt. Eine Panoramatafel hilft, die wichtigsten Punkte im Gelände zu bestimmen. Zum Pavillon hinauf führt der „Schwäbisch-Alemannische Mundartweg". Auf elf Tafeln an dem 1 Kilometer langen Rundweg sind originelle, auch erheiternde Sprüche, Ausdrücke, Redewendungen festgehalten. Außer den Sprüchetafeln gibt's den „Prominentenpfad" mit den in Beton getretenen Fußabdrücken einiger Zeitgenossen wie des Großherzogs von Baden, des Herzogs von Württemberg, Lothar Späths und manch anderer. In 499 Metern Höhe beginnt beim Ortsteil Urnau eine permanente Anlage zum Bergzeitfahren mit dem Rennrad. Das Ziel liegt in 838 Metern Höhe beim Ort Glashütten, Gemeinde Illmensee, direkt auf dem Höchsten. An Start und Ziel sind „Stoppomaten" zur automatisierten Zeitnahme installiert, die jederzeit kostenlos benutzt werden können.

Ort: Deggenhausertal, Bodenseekreis / FN
Lage: am nördlichen Ortsrand
Parken: auf dem Gipfel
Rollstuhl / Kinderwagen: ja
Geöffnet: immer frei zugänglich
Auskunft: Gemeinde Deggenhausertal, Badener Straße 14, 88693 Deggenhausertal, Telefon 07555 920013, www.deggenhausertal.de

Der löwenstarke Anreisetipp: Bf Ravensburg, weiter mit dem Bus. Fahrplanauskunft für Busse und Bahnen in Baden-Württemberg – die Löwen-Line unter 01805 779966 (14 Ct./Min. aus dt. Festnetz/Mobilfunk abweichend) oder die elektronische Fahrplanauskunft über www.3-loewen-takt.de

Große Löcher im Rosenstein

Von den Raubrittern blieb nur eine Ruine

Am Nordrand des Albuch liegt zwischen Aalen und Schwäbisch Gmünd der 735 Meter hohe Rosenstein. Nicht von den „Rosen“

soll sein Name abgeleitet sein, sondern von „Großer Stein“. Am westlichen Rand des Bergstocks, grad über der 10 000 Einwohner zählenden Kleinstadt Heubach, ragen Reste einer Burganlage auf. Im späten Mittelalter waren die Burgherren auf dem Rosenstein zu schlichten Raubrittern herabgesunken. Sie überfielen die schwerfälligen Kaufmannszüge, die drunten im Remstal auf ihrer beschwerlichen Reise von Nürnberg nach Stuttgart und zurück unterwegs waren. Die Beute wurde erst mal in den zahlreichen Höhlen des Rosenstein versteckt. Ein kaiserliches Heer machte dem Treiben der Rosensteiner schließlich ein Ende. Die Ritterschar wurden gefangengenommen, ihre Burg angezündet und nie wieder aufgebaut. Aus den leeren Fensterhöhlen der Ruine bietet sich heute ein herrlicher Blick ins Remstal hinunter und weit darüber hinaus zum Schwäbisch-Fränkischen Wald. Die Höhlen der Raubritter sind noch immer da. Sie heißen „Große Scheuer“, „Kleine Scheuer“, „Haus“, „Dreieingangshöhle“, „Teufelsklinge“, „Finsteres Loch“. Um den Höhenrand führen Wanderwege. Am Weg zur Ruine liegt die „Waldschänke“ mit allerlei Spielgerät und einer Schutzhütte samt Grillstelle.

Ort: Heubach, Ostalbkreis / AA
Lage: oberhalb Heubach
Parken: „Parkplatz Fernsehturm, Rosenstein“, Wegweisern folgen
Rollstuhl / Kinderwagen: nein
Geöffnet: immer frei zugänglich
Auskunft: Stadtverwaltung Heubach, Hauptstraße 53,
73540 Heubach, Telefon 07173 1810, www.heubach.de

Der löwenstarke Anreisetipp: Bf Mögglingen, weiter mit dem Bus. Fahrplanauskunft für Busse und Bahnen in Baden-Württemberg – die Löwen-Line unter 01805 779966 (14 Ct./Min. aus dt. Festnetz/Mobilfunk abweichend) oder die elektronische Fahrplanauskunft über www.3-loewen-takt.de

Der „Schwarze Grat" auf der Adelegg

Gute Aussichten im württembergischen Allgäu

Auf dem gut 10 Kilometer langen Höhenrücken der Adelegg östlich Isny im Allgäu bildet der „Schwarze Grat" mit 1 118 Metern den höchsten Punkt im Landesteil Württemberg. Noch höher hinaus geht es dort auf dem 28 Meter hohen Aussichtsturm. Wanderungen über die Adelegg und zum Schwarzen Grat brauchen Zeit, Ausdauer, gutes Schuhwerk. Zur Belohnung gibt's unterwegs schroffe Tobel, bunte Wiesen, großartige Ausblicke. Wanderwege auf den Schwarzen Grat beginnen in den Isnyer Stadtteilen Rohrdorf und Großholzleute. Die Hauptwanderwege 5 „Schwarzwald – Schwäbische Alb – Allgäu" und 9 „Heuberg – Allgäu" des Schwäbischen Albvereins führen über den Schwarzen Grat. Jahrhundertelang wurde an der Adelegg Glas hergestellt. Der dazu benötigte Quarz, nach seinem Aussehen Milchquarz genannt, wurde aus dem Geröll der von der Adelegg kommenden Tobel und Bäche aufgesammelt. Das Brennholz für die Schmelzöfen lieferte ebenfalls die Adelegg. Diese flächendeckenden Abholzungen haben im Lauf der Zeit die Landschaft verändert. Aus dem Wald wurden Almwiesen, auf denen das Allgäuer Vieh weidete. Eine artenreiche Flora und Fauna bildete sich

Ort: Isny im Allgäu, Landkreis Ravensburg / RV
Lage: 6 km östlich von Isny
Parken: Wanderparkplatz in Isny-Rohrdorf
Rollstuhl / Kinderwagen: nein
Geöffnet: immer frei zugänglich, 15 km hin und zurück
Auskunft: Isny Marketing, Büro für Tourismus, Unterer Grabenweg 18, 88316 Isny, Telefon 07562 975630, www.isny.de

Der löwenstarke Anreisetipp: Bf Isny, weiter mit dem Bus. Fahrplanauskunft für Busse und Bahnen in Baden-Württemberg – die LöwenLine unter 01805 779966 (14 Ct./Min. aus dt. Festnetz/Mobilfunk abweichend) oder die elektronische Fahrplanauskunft über www.3-loewen-takt.de

heraus. Als die Holzvorräte erschöpft waren, verschwand die Glasgewinnung. Die letzte Glashütte wurde gegen Ende des 19. Jahrhunderts stillgelegt.

Gute Aussichten seit 100 Jahren

Auf dem Gehrenbergturm über Markdorf

Am 2. September 1904 wurde auf dem 754 Meter hohen Gehrenberg oberhalb der Kleinstadt Markdorf im Linzgau ein Aussichtsturm aufgestellt. In 30 Metern Höhe trägt er eine allseits offene Plattform. Zu ihr führen 149 Stufen hinauf. Die geräumige Plattform auf der Spitze des Turms bietet aber einen der schönsten Ausblicke nördlich des Bodensees. Bei klarem Wetter präsentiert sich dem Betrachter fast die gesamte Umgebung des „Schwäbischen Meers". Der See selbst ist in seiner ganzen Ausdehnung mit Obersee, Konstanzer Bucht, Teilen des Untersees und des Überlinger Sees zu überblicken. Im Osten steigen die bayerischen und die österreichischen Bergketten der Alpen auf. Im Süden zeigen sich die Gipfel der nördlichen Schweiz mit dem 2 500 Meter hohen Säntis. Südwestlich liegt das Berner Oberland und ganz weit hinten im Westen schließlich sind gar die Vulkankegel des Hegau zu erkennen. Um Berge, Dörfer und Städtchen, Türme und Seen rundum zu identifizieren, hilft eine Orientierungstafel auf der Brüstung der Plattform. Am Fuß des Gehrenbergs ist das Gehrenmännlesloch, erzählen sich die Leute drunten in Markdorf. Darin wohnt das Gehrenmännle und verwahrt einen Schatz. Auf einer Truhe hockt eine schaurig große Kröte und bewacht ihn.

Ort: Markdorf, Bodenseekreis / FN
Lage: nördlich Markdorf auf dem Gehrenberg
Parken: Wanderparkplatz Schneppenen
Rollstuhl / Kinderwagen: nein
Geöffnet: immer frei zugänglich bis 20.00 Uhr
Auskunft: Tourismusgemeinschaft Gehrenberg-Bodensee, Marktstraße 1, 88677 Markdorf, Telefon 07544 500-290, www.gehrenberg-bodensee.de

Der löwenstarke Anreisetipp: Bf Markdorf, weiter zu Fuß. Fahrplanauskunft für Busse und Bahnen in Baden-Württemberg – die LöwenLine unter 01805 779966 (14 Ct./Min. aus dt. Festnetz/Mobilfunk abweichend) oder die elektronische Fahrplanauskunft über www.3-loewen-takt.de

Durchs Neuhauser Tal zum Waldsee

Im Murrhardter Stadtteil Fornsbach

Wenig östlich des Murrhardter Stadtteils Fornsbach liegt in einer stillen, schönen Landschaft das Freizeitgebiet „Waldsee". Es weist gut 20 000 Quadratmeter freie Wasserfläche auf, dazu weitläufige

Liegewiesen und ein ausgedehntes Spielgelände. Sanitäranlagen, Umkleidekabinen, ein Kiosk und eine Gaststätte vervollständigen das Freizeitangebot. Zahlreiche Spielgeräte sind frei verfügbar. Tret- und Ruderboote, Fahrräder, Miniexpress und Minigolf sind kostenpflichtig, ebenso der Parkplatz an Wochenenden und in den Ferien. Der Waldsee-Besucher kann es sich leicht machen und mit dem Auto vorfahren. Er kann aber auch ein wenig körperlichen Einsatz vorausschicken. Dazu parkt er das Auto an der Fornsbacher Gemeindehalle. Von dort führt ein 7,5 Kilometer langer Rundweg über den Marktplatz, in die Neuhauser Straße und ins Neuhauser Tal. Dort über den Fornsbach hinweg, zurück zur Bahnlinie und weiter Richtung Plapphof. An der Plapphof-Gaststätte geht's unter der Straße hindurch und rechts ab zum Waldsee. Die ganze Runde führt über asphaltierte Wege und weist kaum Steigungen auf. In der Murrhardter Touristik-Information gibt es ein Faltblatt, in dem die Wanderung ausführlich beschrieben und mit einer übersichtlichen Wegskizze versehen ist.

Ort: Murrhardt-Fornsbach, Rems-Murr-Kreis / WN
Lage: östlich des Stadtteils Fornsbach
Parken: Gemeindehalle Fornsbach
Rollstuhl / Kinderwagen: ja
Auskunft: Fremdenverkehrsgemeinschaft Schwäbischer Wald, Alter Postplatz 10, 71328 Waiblingen, Telefon 07151 5011376, www.schwaebischerwald.com

Der löwenstarke Anreisetipp: Fahrplanauskunft für Busse und Bahnen in Baden-Württemberg – die LöwenLine unter 01805 779966 (14 Ct./Min. aus dt. Festnetz/Mobilfunk abweichend) oder die elektronische Fahrplanauskunft über www.3-loewen-takt.de

Weinerfahrung sammeln in freier Natur

Am Weinplateau Oberderdingen

Im Frühjahr 2006 wurde am Rand des 330 Quadratkilometer großen Naturparks Stromberg-Heuchelberg auf der Gemarkung Oberderdingen das Naherholungsgebiet „Weinplateau Oberderdingen" eröffnet. Es bietet Informationen an zur Weinbautradition der Gemeinde und über einen Rebkalender auch Erläuterungen zur Arbeit des Winzers. Eine „Ampelographie", zu Deutsch „Rebsortenkunde", lehrt, wie Rebsorten bestimmt und beschrieben werden. Im Rebsortenquiz auf dem Weg zum Bernhardsweiher kann das frisch erworbene Wissen überprüft werden. Das Weinplateau Oberderdingen ist zugleich Ausgangspunkt eines gut 4 Kilometer langen Rundwanderwegs mit elf Stationen. Zwei Aussichtspunkte am Weg bieten weite Blicke über den Kraichgau bis hin zum Odenwald, zum Schwarzwald, gar zum Pfälzerwald jenseits des Rheins. Eine Wanderhütte mit einem kleinen Spielplatz liegt an der Wegstation 3. Das „Geologische Fenster" erläutert den Aufbau der beiden Höhenzüge Stromberg und Heuchelberg. Im „Wengertschützenhäusle" am Weg lebte früher den ganzen Herbst hindurch der Wengertschütz. Er hatte die Aufgabe, mit Lärmen und Schießen die reifen Trauben vor den naschhaften Vögeln zu schützen. Auch auf „echte" Traubendiebe aus den umliegenden Dörfern sollte er ein wachsames Auge haben.

Ort: Oberderdingen, Landkreis Karlsruhe / KA
Lage: auf dem Derdinger Horn
Parken: am Weinplateau
Rollstuhl / Kinderwagen: ja
Geöffnet: immer frei zugänglich
Auskunft: Touristikinfo Oberderdingen, Heinfelser Platz 3, 75038 Oberderdingen, Telefon 07045 202768, www.oberderdingen.de

Der löwenstarke Anreisetipp: Bf Mühlacker, weiter mit dem Bus. Fahrplanauskunft für Busse und Bahnen in Baden-Württemberg – die Löwen-Line unter 01805 779966 (14 Ct./Min. aus dt. Festnetz/Mobilfunk abweichend) oder die elektronische Fahrplanauskunft über www.3-loewen-takt.de

Den Schwaben ein Heiliger Berg

Der Bussen bei Uttenweiler

„Heiliger Berg Oberschwabens“ ist die volkstümliche Bezeichnung für den 767 Meter hohen „Bussen“. Seit je bedeutet der Berg den Menschen im Umland mehr, als nur ein markanter Punkt in der Landschaft zu sein. Er ist Identifikationssymbol ihrer oberschwäbischen Heimat, Denkmal der jahrtausendealten Geschichte der Region. Nirgends sonst im weiten Umkreis kommt der Mensch dem Himmel so nah. Von weither ist die Anhöhe zu erkennen. Geprägt wird ihre Silhouette von der weiß getünchten Wallfahrtskirche mit spätgotischem Chor. Seine Umgebung überragt der Bussen um gut 200 Meter. Gerühmt wird der Gipfel wegen seiner begeisternden Fernsicht. Der langgestreckte, von Gletscherwasser abgeschliffene Berggrat trägt Spuren früher Besiedlung und Bebauung. Hinter Baum und Strauch liegen Reste einer mittelalterlichen Burganlage. Der restaurierte Bergfried aus dem 14. Jahrhundert gehört dem Schwäbischen Albverein. Der Aufstieg zum Gipfel ist nur auf den letzten 300 Metern ein wenig beschwerlich. Oben entschädigt der kolossale Ausblick für die kurze Mühsal des Anstiegs. An guten Tagen scheint die Alpenkette ganz nah. Zu Füßen des Betrachters liegt das weite Land rund um den Federsee. Dass Hildegard, dritte Ehefrau Kaiser Karls des Großen, auf dem Bussen geboren sei, ist Legende.

Ort: Uttenweiler, Landkreis Biberach / BC
Lage: 5 km nordwestlich Uttenweiler
Parken: in Offingen kurz vor dem Gipfel
Rollstuhl / Kinderwagen: ja
Geöffnet: *Bussenkirche*: täglich, *Bergfried*: Mai bis Oktober tägl.
Auskunft: Gemeindeverwaltung Uttenweiler, Hauptstraße 14, 88524 Uttenweiler, Telefon 07374 9206-0, www.gemeinde-uttenweiler.de

Der löwenstarke Anreisetipp: Bf Biberach, weiter mit dem Bus. Fahrplanauskunft für Busse und Bahnen in Baden-Württemberg – die LöwenLine unter 01805 779966 (14 Ct./Min. aus dt. Festnetz/Mobilfunk abweichend) oder die elektronische Fahrplanauskunft über www.3-loewen-takt.de

Zu Wasser

und zu Lande

Deutschlands wasserreichste Quelle

Der Aachtopf schüttet gern mal 24 Kubikmeter

Der Karstquelle am Fuß des Städtchens Aach am Rand des Hegau ist nicht anzusehen, zu welchen Leistungen sie fähig ist. Im Durchschnitt schüttet sie mehr als 8 000 Liter in der Sekunde. In Spitzenzeiten, nach starken Regenfällen oder zur Schneeschmelze, schickt

sie gern mal 24 000 Liter in die Radolfzeller Aach. Der Aachtopf ist Deutschlands wasserreichste Quelle. Sein Wasser, das aus einer 18 Meter tiefen unterirdischen Höhle aufsteigt, holt er sich überwiegend aus der Donau. Zwischen Immendingen und Fridingen verliert Europas zweitlängster Strom an mehreren Versinkungsstellen große Mengen Wasser. An rund 200 Tagen im Jahr fällt das Flussbett dort sogar völlig trocken. Fußgänger durchqueren dann vollbekleidet und gefahrlos die weite Ödnis, wandern übers Kieselgestein ans andere Ufer. Das in den Schlucklöchern versickerte Wasser strömt unterirdisch durch Klüfte, Höhlen, Spalten im Kalkgestein der Schwäbischen Alb zum Aachtopf hinunter. Für seinen Weg von der Donau zum Quelltopf braucht der Wasserstrom zwischen 30 und 60 Stunden. Dabei legt er auf der 12 Kilometer langen Strecke einen Höhenunterschied von 174 Metern zurück. Nach weiteren 30 Kilometern erreicht das Donauwasser mit der Radolfzeller Aach bei Radolfzell den Bodensee und wenig später den Rhein.

Ort: Stadt Aach, Landkreis Konstanz / KN
Lage: unterhalb der Altstadt
Parken: am Aachtopf
Rollstuhl / Kinderwagen: ja
Geöffnet: immer frei zugänglich
Auskunft: Gemeinde Aach, Hauptstraße 16, 78267 Aach, Telefon 07774 9309-0, www.aach.de

Der löwenstarke Anreisetipp: Bf Engen, weiter mit dem Bus. Fahrplanauskunft für Busse und Bahnen in Baden-Württemberg – die LöwenLine unter 01805 779966 (14 Ct./Min. aus dt. Festnetz/Mobilfunk abweichend) oder die elektronische Fahrplanauskunft über www.3-loewen-takt.de

Eine Gegend fast wie ein Urwald

Im Monbachtal von Bad Liebenzell

Seit 1988 sind der Monbach, der Maisgraben und die St. Leonhardsquelle nordöstlich der Kurstadt Bad Liebenzell als Natur- und Landschaftsschutzgebiet ausgewiesen. Der Monbach, Nebenfluss der Nagold, beginnt als Maisgraben. 2,5 Kilometer unterhalb seiner Quelle und nah dem Dorf Monakam nimmt er den Namen Monbach an. Ein 11 Kilometer langer Rundwanderweg erschließt in seinem Tal eine auf weite Strecken urtümlich wirkende Naturlandschaft. Zerklüftete, schluchtenbildende Felswände, kleine Wasserfälle überall, Erlengebüsch und Laubwald, umgestürzte und liegengebliebene Baumriesen, plätschernde Bäche, bemooste Felsblöcke, lang gestreckte Täler – all dies vermittelt etwas wie Urwald und Abenteuer. Das meist schattig-kühle Tal empfiehlt sich vor allem für Ausflüge an heißen Sommertagen. Mit etwas Glück trifft der Wanderer längs des Monbachs sogar den scheuen Eisvogel. Halbwegs zwischen der Monbachmündung und dem Bad Liebenzeller Stadtteil Monakam liegt ein Jugendzeltplatz der Forstverwaltung mit Grillstelle. Am unteren Ende des Tals gibt es eine Wassertretanlage und einen Trimm-Dich-Pfad. Das Monbachtal wurde erstmals 1888 vom Liebenzeller Verschönerungsverein für Ausflügler erschlossen. Bis dahin war es kaum jemandem bekannt gewesen.

Ort: Bad Liebenzell, Landkreis Calw / CW
Lage: 2 km nordöstlich Bad Liebenzell
Parken: Parkplätze am Imbiss Monbachtal
Rollstuhl / Kinderwagen: nein
Geöffnet: immer frei zugänglich, nach Regenfällen nicht überall begehbar
Auskunft: ServiceCenter Bad Liebenzell, Kurhausdamm 2 – 4, 75378 Bad Liebenzell, Telefon 07052 4080, www.bad-liebenzell.de

Der löwenstarke Anreisetipp: Fahrplanauskunft für Busse und Bahnen in Baden-Württemberg – die LöwenLine unter 01805 779966 (14 Ct./Min. aus dt. Festnetz/Mobilfunk abweichend) oder die elektronische Fahrplanauskunft über www.3-loewen-takt.de

Schöne traurige Lau im Blautopf

Am Rand der Kleinstadt Blaubeuren

Der 21 Meter tiefe Blautopf am Rand des 12 000 Einwohner zählenden Städtchens Blaubeuren ist eine der wasserreichsten Quellen Deutschlands. In der Sekunde strömen durchschnittlich mehr als 2 100 Liter aus den Tiefen der Schwäbischen Alb in den von einem Wehr aufgestauten kleinen See. In regenarmen Zeiten kann der Zustrom auf 310 Liter zurückgehen. Die stärkste Schüttung wurde mit 32 000 Litern gemessen. Dann sprudelt

das Wasser, als koche der Quelltopf. Aus einem 150 Quadratkilometer großen Einzugsbereich strömt das Wasser unterirdisch durch Klüfte und Höhlen der Schwäbischen Alb heran. Der Pforzheimer Höhlenforscher Jochen Hasenmayer ist auf seinen Tauchgängen 1 250 Meter tief ins Höhlensystem des Blauursprungs vorgedrungen. Einer von ihm entdeckten riesigen Höhle gab er den Namen „Mörike-Dom", in Erinnerung an den schwäbischen Pfarrer und Dichter Eduard Mörike. Dessen „Märchen von der Schönen Lau" spielt im Blautopf. Je nach Lichteinfall und Sonnenstand nimmt das Wasser lichtgrüne bis intensiv blaue Färbung an. Im Schatten hoher Buchen führt ein Pfad am Fuß der Blaubeurer Alb um die Quelle herum. Mit jedem Schritt, den der Wanderer tut, ändert sich das Bild des meist wie verwunschen daliegenden Blautopfs. Baden und Tauchen sind verboten, weil Lebensgefahr besteht.

Ort: Blaubeuren, Alb-Donau-Kreis / UL
Lage: in Blaubeuren
Parken: Parkplätze im Stadtgebiet
Rollstuhl / Kinderwagen: ja
Geöffnet: immer frei zugänglich
Auskunft: Tourismuszentrale Blaubeuren, Aachgasse 7, 89143 Blaubeuren, Telefon 07344 921025, www.blaubeuren.de

Der löwenstarke Anreisetipp: Bf Blaubeuren, weiter zu Fuß. Fahrplanauskunft für Busse und Bahnen in Baden-Württemberg – die LöwenLine unter 01805 779966 (14 Ct./Min. aus dt. Festnetz/Mobilfunk abweichend) oder die elektronische Fahrplanauskunft über www.3-loewen-takt.de

Im Bann des wilden Gertelbach

Mit weitem Blick über Bühlertal

Der Gertelbach, der vom Wiedenfelsen herunterkommt, ist ein wilder Geselle. Seine Quelle liegt nah der Schwarzwaldhochstraße. Nach nur 2,5 Kilometern schon mündet er in den Wiedenbach. Auf dieser kurzen Strecke aber verliert er – über viele Stufen fallend – gut 350 Meter an Höhe. In wilden Kaskaden und Sturzbächen fällt er über Fels- und Trümmergestein den Hang hinunter. Der Gertelbach-Rundweg, schon 1889 vom Verschönerungsverein Bühl angelegt, folgt dem stürzenden Wasser ganz nah, hält sich mal links, mal rechts. Immer wieder führen Stege oder Brücken hinüber und herüber. An der Gertelbach-Hütte bietet der Bach ein faszinierendes Bild, wie er über Kaskaden nach und nach 70 Meter hinunterrauscht. Der ausgeschilderte Wanderweg geht in einen Serpentinenpfad über. Oben angelangt bietet sich an guten Tagen ein weiter Blick über Bühlertal, die Schwarzwaldhöhen, gelegentlich zu den Vogesen jenseits des Rheins. Hier besteht eine Autobusverbindung zurück zum Wanderparkplatz. Der Rundweg selbst läuft über Waldwege weiter, an der Hertahütte mit erneut schönem Ausblick vorüber zum Waldgasthaus „Kohlbergwiese“. Dort liegen eine große Spielwiese und ein gut ausgestatteter Spielplatz. Ein träge fließender Bach bietet sich für kleinere „Baumaßnahmen“ an.

Ort: Bühlertal, Landkreis Rastatt / RA
Lage: südöstlich Bühlertal
Parken: Gertelbach-Wanderparkplatz
Rollstuhl / Kinderwagen: nein
Geöffnet: immer frei zugänglich, Gesamtweglänge 8,5 km
Auskunft: Tourist-Info Bühlertal, Hauptstraße 92, 77830 Bühlertal, Telefon 07223 99670, www.buehlertal.de

Der löwenstarke Anreisetipp: Bf Bühl, weiter mit dem Bus. Fahrplanauskunft für Busse und Bahnen in Baden-Württemberg – die LöwenLine unter 01805 779966 (14 Ct./Min. aus dt. Festnetz/Mobilfunk abweichend) oder die elektronische Fahrplanauskunft über www.3-loewen-takt.de

Am blauen Auge des Härtsfelds

Die Schmalspurbahn „Schättere" kehrt zurück

Der Härtsfeldsee ist das einzige größere stehende Gewässer auf der Schwäbischen Alb. Im Jahr 1972 wurde er auf der Ostalb in der Einsamkeit des Härtsfelds als Stausee angelegt. Er deckt eine Fläche von gut elf Hektar. Baden und Surfen im und auf dem See sind erlaubt. Auch Boote fahren auf ihm. Den See durchfließt die Egau, die oberhalb des 6 Kilometer entfernten Klosterdorfs Neresheim entspringt und nahe der bayerischen Kreisstadt Dillingen in die Donau mündet. Die Egauquelle schüttet durchschnittlich 800 Liter in der Sekunde. Das sind ca. 25 Millionen Kubikmeter im Jahr. Über ihrer 1957 gefassten Quelle wurde das Egauwasserwerk als Aufbereitungsanlage für Trinkwasser errichtet. Es liefert Egauwasser bis nach Stuttgart. Die Egauquelle ist wie der Brenztopf bei Königsbronn und der Blautopf in Blaubeuren der Austritt eines unterirdischen Flusslaufs aus der Schwäbischen Alb. Am Härtsfeldsee führt noch immer die Schmalspurtrasse der 1972 stillgelegten Härtsfeldbahn entlang. Zur Zeit wird die Strecke reaktiviert. Die bei Neresheim schon verkehrende Museumsbahn „Schättere" soll in absehbarer Zukunft am Härtsfeldsee vorüber bis zum historischen Kleinbahnhof Dischingen rollen. Seit 1997 wird jährlich im Juni das Rockfestival „Rock am Härtsfeldsee" veranstaltet.

Ort: Dischingen, Landkreis Heidenheim / HDH
Lage: 2 km nordöstlich Dischingen
Parken: am Härtsfeldsee
Rollstuhl / Kinderwagen: ja
Geöffnet: immer frei zugänglich
Auskunft: Gemeindeverwaltung Dischingen, Marktplatz 9, 89561 Dischingen, Telefon 07327 810, www.dischingen.de

Der löwenstarke Anreisetipp: Bf Heidenheim, weiter mit dem Bus. Fahrplanauskunft für Busse und Bahnen in Baden-Württemberg – die Löwen-Line unter 01805 779966 (14 Ct./Min. aus dt. Festnetz/Mobilfunk abweichend) oder die elektronische Fahrplanauskunft über www.3-loewen-takt.de

Mutter Baar und ihre Tochter Donau

An der Donauquelle in Donaueschingen

Schon im 5. Jahrhundert v. Chr. wird die Quelle der Donau schriftlich erwähnt. Der griechische Historiker Herodot, gestorben um 425, beschreibt sie in seinem umfangreichen Geschichtswerk. Ein paar Jahrhunderte später berichtet auch der ebenfalls aus Griechenland stammende Geograph Strabon von der Donauquelle. Im Jahr 15 v. Chr., überliefert er, sei der römische Feldherr und spätere Kaiser Tiberius vom Bodensee aus zu den Quellen der Donau geritten. Noch heute entspringen im Fürstenbergischen Park in Donaueschingen ungezählte größere und kleinere Quellen. Der Donauursprung ist nur die bekannteste unter ihnen. Sie schüttet in der Sekunde bis zu 150 Liter Wasser. Zur Zeit des Tiberius schlängelte sich der Donaubach noch ohne Drainagen und Brücken in zahlreichen Windungen dem Zusammenfluss von Brigach und Breg entgegen. Heute ist die Quelle gleich neben dem Fürstenbergischen Schloss in Stein gefasst und von einem kunstvollen Eisengitter umrahmt. Über der Quelle thronen seit 1895 zwei Marmorfiguren von Adolf Heer: „Mutter Baar", die Hochebene, aus der das Donauwasser kommt, schickt ihre junge „Tochter Donau" hinaus in die Welt. Das aus Muschelkalk und Kies aufsteigende Quellwasser wird zur Brigach geleitet, wo es am „Donautempel" wieder zutage tritt.

Ort: Donaueschingen, Schwarzwald-Baar-Kreis / VS
Lage: im Fürstenbergischen Park
Parken: im Stadtgebiet Donaueschingen
Rollstuhl / Kinderwagen: ja
Geöffnet: immer frei zugänglich
Auskunft: Amt für Kultur, Tourismus und Marketing, Karlstraße 58, 78166 Donaueschingen, Telefon 0771 857-220, www.donaueschingen.de

Der löwenstarke Anreisetipp: Bf Donaueschingen, weiter zu Fuß. Fahrplanauskunft für Busse und Bahnen in Baden-Württemberg – die Löwen-Line unter 01805 779966 (14 Ct./Min. aus dt. Festnetz/Mobilfunk abweichend) oder die elektronische Fahrplanauskunft über www.3-loewen-takt.de

Freibad im Naturschutzgebiet

Der Lindenweiher bei Unteressendorf

Der kleine „Lindenweiher“ liegt nur wenige Kilometer südlich der oberschwäbischen Kreisstadt Biberach an der Riß. Seit 1939 ist er einschließlich seiner näheren Umgebung als Naturschutzgebiet ausgewiesen. Rund 330 Pflanzen- und mehr als 40 Vogelarten sind am Lindenweiher heimisch. Vor allem Zugvögeln bietet der See einen wichtigen Rast- und Nahrungsplatz. Tief im Wasser entspringt das Flüsschen Lauter. Nach 2 Kilometern schon mündet es in die Riß, mit der sein Wasser zur Donau fließt. Die Lauter wurde im 12. Jahrhundert zu einem kleinen See gestaut. Auf einer künstlich angelegten Insel entstand die Wasserburg „Uf der Linden“. Sie wurde 1525 im Bauernkrieg niedergebrannt und nie wieder aufgebaut. Schon im Jahr 1417 wird eine Wassermühle am Ursprung der Lauter erwähnt. Aus ihr hat sich im Lauf der Jahrhunderte ein landwirtschaftlicher Betrieb entwickelt. Der hält an den Wochenenden die kleine Gastwirtschaft „Lindenmühle“ mit Biergarten offen. Ein Teil des Lindenweihers wird als Badesee genutzt, klein und mit natürlich trübem Wasser. Die Badestelle ist flach, das Ufer unbefestigt. Die Liegewiese unter schattigen Bäumen reicht bis ans Ufer. Ein Wanderweg führt in den Schilfgürtel, der fast den ganzen See umgibt.

Ort: Hochdorf-Unteressendorf, Landkreis Biberach an der Riß / BC
Lage: 1 km nordwestlich Unteressendorf
Parken: im Wäldchen am See, am Biergarten „Lindenmühle“
Geöffnet: Wirtschaft „Lindenmühle“ nur freitags bis sonntags 11.00 – 23.00 Uhr, der Badesee ist immer frei zugänglich
Auskunft: Wirtschaft „Lindenmühle“, Telefon 07355 488

Der löwenstarke Anreisetipp: Bf Biberach, weiter mit dem Bus. Fahrplanauskunft für Busse und Bahnen in Baden-Württemberg – die LöwenLine unter 01805 779966 (14 Ct./Min. aus dt. Festnetz/Mobilfunk abweichend) oder die elektronische Fahrplanauskunft über www.3-loewen-takt.de

In jeder Sekunde 10 000 Liter Wasser

Aus dem Brenztopf in Königsbronn

Am Fuß des Herwartstein, auf dessen Gipfel Ruinenreste einer 1240 erstmals genannten Burg liegen, entspringt die Brenz. Ihr Ursprung zählt neben dem Blautopf in Blaubeuren und dem Aachtopf westlich des Bodensees zu den schönsten und größten Quelltöpfen der Schwäbischen Alb. Er weist eine Tiefe von etwa vier Metern auf. Abhängig vom Sonnenstand schimmert sein Wasser zwischen tiefblau und lichtgrün. Die Schüttung ist je nach Wetterlage unterschiedlich. Ihr Mittelwert liegt bei knapp ein Kubikmeter in der Sekunde. Der bisherige Höchststand wurde mit 10,6 Kubikmetern erreicht. Zugeführt wird der Quelle das Wasser unterirdisch durch Klüfte, Spalten und andere Hohlräume im Kalkgestein der Alb. Das Einzugsgebiet reicht weit in den Albuch westlich des Brenztopfs hinein. Seit Jahrhunderten schon wird das abfließende Brenzwasser an einem Wehr gestaut. Die erzeugte Energie wurde ursprünglich genutzt, um einen seit langem schon aufgegebenen Eisenhammer zu betreiben. Eine 1964 stillgelegte Turbine zur Stromerzeugung wurde im Jahr 2000 wieder in Betrieb genommen. Am Brenztopf liegt das Königsbronner Rathaus von 1775 mit einer schmucken Rokokofassade. Die Brenz mündet nach 56 Kilometern bei Gundelfingen im bayerischen Landkreis Dillingen in die Donau.

Ort: Königsbronn, Ostalbkreis / AA
Lage: neben dem Rathaus Königsbronn
Parken: am Rathaus
Rollstuhl / Kinderwagen: ja
Geöffnet: immer frei zugänglich
Auskunft: Gemeinde Königsbronn, Herwartstraße 2, 89551 Königsbronn, Telefon 07328 9625-0, www.koenigsbronn.de

Der löwenstarke Anreisetipp: Bf Aalen, weiter mit dem Bus. Fahrplanauskunft für Busse und Bahnen in Baden-Württemberg – die LöwenLine unter 01805 779966 (14 Ct./Min. aus dt. Festnetz/Mobilfunk abweichend) oder die elektronische Fahrplanauskunft über www.3-loewen-takt.de

Von schwarzen und weißen Quellen

Am Ursprung des Kocher

Der 182 Kilometer lange Kocher, der am Fuß der östlichen Schwäbischen Alb entspringt und nahe Bad Friedrichshall in den Neckar mündet, geht aus drei ganz unterschiedlichen Quellflüssen hervor. An der westlichen Kante des Härtsfelds kommt unterhalb der ums Jahr 1300 erstmals genannten Kocherburg, von der noch ein paar Ruinen zu sehen sind, der Weiße Kocher ans Licht. Seinen Namen hat er von dem hellen Gischt, der sich immerzu bildet, wenn sein Wasser schäumend und spritzend von Felskante zu Felskante fällt, sich sprudelnd und tosend über Katarakte und kleine Wasserfälle abwärts stürzt. Im Aalener Stadtteil Unterkochen verbindet sich der Weiße mit dem Schwarzen Kocher. Dieser dunkle Bruder kommt von Oberkochen daher. Seine Quelle liegt am Fuß des Albuch. Ganz friedlich quillt ihr Wasser unter einer senkrecht ansteigenden Felswand hervor. Hier ist kein Rauschen und Tosen und keine Gischt. Leise murmelnd nur fließt das „schwarze" Wasser langsam dahin an Wiesen vorüber und dichtem Erlengebüsch. Vor einem halben Jahrtausend stand hier an der Quelle ein Eisenhüttenwerk. Von ihm ist nichts geblieben. Angenehme Fußpfade begleiten beide Quellflüsse. Die dritte Quelle, der Rote Kocher, hat ihren Ursprung im Stadtgebiet Oberkochen und fließt in einem Kanal unterirdisch ab.

Orte: Oberkochen, Unterkochen, Ostalbkreis / AA
Lage: Weißer Kocher östlich Unterkochen, Schwarzer Kocher südlich Oberkochen
Parken: am Sportplatz Unterkochen, Parkplatz B 19 südlich Oberkochen
Rollstuhl/Kinderwagen: Schwarzer Kocher: ja, Weißer Kocher: nein
Geöffnet: immer frei zugänglich
Auskunft: Rathaus Oberkochen, Eugen-Bolz-Platz 1, 73447 Oberkochen, Telefon 07364 270, www.oberkochen.de
Rathaus Unterkochen, Rathausplatz 9, 73432 Unterkochen, Telefon 07361 988012, www.aalen.de

Der löwenstarke Anreisetipp: Bf Aalen, weiter mit dem Bus. Fahrplanauskunft für Busse und Bahnen in Baden-Württemberg – die LöwenLine unter 01805 779966 (14 Ct./Min. aus dt. Festnetz/Mobilfunk abweichend) oder die elektronische Fahrplanauskunft über www.3-loewen-takt.de

Hunderte Schmetterlings- und Käferarten

Am Mindelsee bei Markelfingen

Die Halbinsel Bodanrück streckt sich von Westen her weit in den Bodensee hinein. Auf ihr verbirgt sich unweit der Kurstadt Radolfzell als kleines, stilles Gewässer der Mindelsee. Drei Bäche und mehrere Quellen führen ihm Wasser zu. Im Mühlbach fließt es ab durch den Weinort Markelfingen zum Bodensee. Bei durchschnittlich acht Metern Wassertiefe misst die Oberfläche des Sees rund 115 Hektar. Seit 1938 bildet die Landschaft um den Mindelsee ein gut 411 Hektar großes Naturschutzgebiet mit vielen wertvollen Lebensräumen für teilweise bedrohte Tier- und Pflanzenarten. Mehr als 700 verschiedene Blütenpflanzen kommen vor, dazu hunderte Moos- und Algenarten. Als vielfältig und artenreich wird auch die Tierwelt im Schutzgebiet beschrieben. Mehr als 400 verschiedene Schmetterlinge, dazu 600 Käferarten und mindestens 40 verschiedene Libellen wurden gezählt. Fast 100 Vogelarten brüten regelmäßig am Mindelsee, darunter die seltenen Drosselrohrsänger, Neuntöter, Schwarzkehlchen. Um den See läuft ein nicht immer leicht auffindbarer Wanderweg. Am Nordwestende liegt zwischen Busch und Strauch ein kleiner, verborgener Badeplatz. Ein Steg führt ein paar Meter weit in den See hinaus. Baden und Plantschen sind erlaubt. Hunde sollen nicht mitgenommen werden.

Ort: Radolfzell-Markelfingen, Landkreis Konstanz / KN
Lage: nordöstlich des Radolfzeller Stadtteils Markelfingen
Parken: an der Mindelseestraße im Radolfzeller Stadtteil Möggingen
Rollstuhl / Kinderwagen: nein
Auskunft: Tourist-Information, Bahnhofplatz 2, 78315 Radolfzell, Telefon 07732 81500, www.radolfzell.de

Der löwenstarke Anreisetipp: Bf Markelfingen, weiter zu Fuß. Fahrplanauskunft für Busse und Bahnen in Baden-Württemberg – die LöwenLine unter 01805 779966 (14 Ct./Min. aus dt. Festnetz/Mobilfunk abweichend) oder die elektronische Fahrplanauskunft über www.3-loewen-takt.de

Baden mit den alten Römern

Im Freizeitgelände Rainau-Buch

Mitte der 1970er Jahre wurde zum Schutz vor Hochwasser wenige Kilometer oberhalb Ellwangens die Jagst in einem Rückhaltebecken aufgestaut. Ein See mit einer Wasseroberfläche von gut 27 Hektar ist entstanden. An diesem künstlichen Gewässer halbwegs zwischen Ellwangen und Aalen wurde das „Erholungsgebiet Rainau-Buch" angelegt. Es besteht aus einer großen Spiel- und Liegewiese, dazu einem Bade- und Spielgelände mit einem 150 Meter langen Sandstrand. Auf dem Wasser herrscht lebhafter Betrieb von Segel-, Tret- und Ruderbooten. Am oberen Ende finden Spaziergänger, Angler, Naturbeobachter stille Plätzchen. Ein fünf Hektar großes, dem Stausee vorgelagertes Wasserbecken darf nicht angetastet werden. Es ist Natur- und Vogelschutzgebiet. Zum Freizeitgelände gehört ein „Archäologischer Park". In ihm liegen konservierte Mauerreste eines Römerbads, ein teilweise rekonstruiertes Eingangstor eines römischen Kastells und Fundamente von zwei weiteren Gebäuden aus der Zeit vor 1 800 Jahren. Am Parkplatz des Erholungsgebiets beginnt ein 11 Kilometer langer Rundwanderweg. Er läuft am Limes, der einstigen römischen Reichsgrenze, entlang, zum teilweise konservierten Limestor in Dalkingen und zu einem rekonstruierten römischen Wachturm.

Ort: Rainau-Buch, Ostalbkreis / AA
Lage: westlich der B 290 zwischen Aalen und Ellwangen
Parken: großer kostenloser Parkplatz
Rollstuhl / Kinderwagen: ja
Geöffnet: immer frei zugänglich, Kioskbetrieb zur Badesaison
Auskunft: Gemeinde Rainau, Schlossberg 12, 73492 Rainau, Telefon 07961 90020, www.rainau.de

Der löwenstarke Anreisetipp: Bf Aalen, weiter mit der Bahn. Fahrplanauskunft für Busse und Bahnen in Baden-Württemberg – die LöwenLine unter 01805 779966 (14 Ct./Min. aus dt. Festnetz/Mobilfunk abweichend) oder die elektronische Fahrplanauskunft über www.3-loewen-takt.de

100 Schiffe täglich in der Schleuse

Am Rhein bei Rheinau/Gambsheim

Die deutsch-französische Rheinstaustufe Rheinau/Gambsheim nordöstlich Straßburgs wurde nach 4-jähriger Bauzeit 1974 in Betrieb genommen. Seither ist der 1 324 Kilometer lange Strom zwischen dem französischen Städtchen Gambsheim und der deutschen Stadt Rheinau auf einer Breite von 1,5 Kilometern aufgestaut. Die zugehörige Schleuse ist die größte Binnengewässerschleuse Frankreichs. Sie hat zwei Kammern von je 270 Metern Länge und 24 Metern Breite. Der Unterschied zwischen dem höchsten und dem niedrigsten Wasserspiegel liegt bei elf Metern. Die Anlage ist das ganze Jahr über 24 Stunden am Tag in Betrieb. Täglich werden rund 100 Schiffe geschleust, zu 90 Prozent Motorschiffe. Ihre Tragfähigkeit liegt zwischen 1 500 und 3 000 Tonnen, in Schubverbänden zwischen 8 000 und 14 000 Tonnen. Eine Schleusenkammer zu füllen oder zu leeren, dauert sieben Minuten. Für einen Schleusenvorgang werden 70 000 Kubikmeter Rheinwasser benötigt. Mit Einfahren, Festmachen und Ausfahren braucht ein Schiff eine Viertelstunde zum Schleusen. Die Staustufe hat sich zu einem bedeutenden, grenzüberschreitenden Ausflugsziel in der Region entwickelt. Im Jahr 2004 wurde der Anlage eine Fischtreppe angefügt als Aufstiegshilfe für Wanderfische wie Lachs und Meerforelle.

Orte: Rheinau, Ortenaukreis / OG; Gambsheim, F / Elsass
Lage: zwischen Rheinau-Freistett und Gambsheim
Parken: alte Zollstation, Besucherzentrum Fischtreppe, Schleusen
Rollstuhl / Kinderwagen: ja
Geöffnet: Aussichtsterrasse frei zugänglich,
Besucherzentrum der Fischtreppe gegen Gebühr
Auskunft: Passage309 – Rheinareal Gambsheim/Rheinau,
Tourismuspavillon, Aux ecluses du Rhin, F-67760 Gambsheim,
Telefon +33 (0) 388964408, www.passage309.eu

Der löwenstarke Anreisetipp: Fahrplanauskunft für Busse und Bahnen in Baden-Württemberg – die LöwenLine unter 01805 779966 (14 Ct./Min. aus dt. Festnetz/Mobilfunk abweichend) oder die elektronische Fahrplanauskunft über www.3-loewen-takt.de

Der Tiger des Herrn von Grimmelshausen

Am Mummelsee in Seebach

Mythen und Sagen ranken sich um den Mummelsee im nördlichen Schwarzwald. Manches Geheimnis soll in den dunklen Wassern unterhalb der 1 164 Meter hohen Hornisgrinde verborgen sein. Nixen und Wassermänner tummeln sich angeblich seit urdenklichen Zeiten und immer noch in der Tiefe.

So erzählen sich die Leute in Seebach und Umgebung. Wilde Geister und sonderbare Waldschrate erschrecken an den Ufern des Sees und rundum im Wald die Leute. Von den „Mummeln" soll das Gewässer seinen Namen haben, den weißen Seerosen, die einst große Teile des Sees bedeckten. Die jüngste Eiszeit hat mit ihrem Gletschereis vor Jahrtausenden die Seemulde ausgehobelt, die dann mit Wasser vollgelaufen ist. Vor gut 100 Jahren ist ein Hotel an den See gebaut worden. Seit 1999 führt nah am Wasser ein Kunstpfad durch den Wald. Auf Einladung des Hotelwirts haben ihn namhafte Künstler nach und nach mit ihren Werken ausgestattet. Unter den Skulpturen der „Tiger des Herrn von Grimmelshausen" aus buntem Plexiglas von Ilse Teipelke und die „Spiegelnden Tore" der Sandra Eades. Alf Setzer hat runde Löcher ins Felsgestein gebohrt, anschließend die Bohrkerne in feierlicher Zeremonie im Wasser versenkt. Ein Spazierweg führt rund um den See, ein Rundwanderweg hinauf zur Hornisgrinde mit Aussichtsturm.

Ort: Seebach, Ortenaukreis / OF
Lage: nordöstlich Seebach
Parken: am See
Rollstuhl / Kinderwagen: ja, streckenweise
Geöffnet: immer frei zugänglich
Auskunft: Tourist-Information Seebach, Ruhesteinstraße 21, 77889 Seebach, Telefon 07842 948320, www.seebach.de

Der löwenstarke Anreisetipp: Bf Achern, weiter mit dem Bus. Fahrplanauskunft für Busse und Bahnen in Baden-Württemberg – die LöwenLine unter 01805 779966 (14 Ct./Min. aus dt. Festnetz/Mobilfunk abweichend) oder die elektronische Fahrplanauskunft über www.3-loewen-takt.de

Trockenen Fußes durch die Donau

An 200 Tagen kein Wasser im Strom

Zwischen Immendingen und Fridingen versinkt die Donau. All ihr Wasser, das sie vom Schwarzwald und von der Baar heranführt, verschwindet im Untergrund. Ungezählte Schlucklöcher im porösen Kalkgestein der Schwäbischen Alb saugen es aus dem Flussbett. In jeder Sekunde verschwinden mehr als 8 000 Liter Wasser – einfach so. Ins Donaubett kommt es nie zurück. Das liegt ausgetrocknet da. Zwischen beiden Ufern dehnt sich eine langgestreckte Wüstenei aus Millionen glattgeschliffenen Kieselsteinen. An 200 Tagen im Jahr gelangt der Wanderer trockenen Fußes vom einen Ufer zum anderen. Zu allen anderen Zeiten verliert die Donau zwar auch Wasser an den Untergrund, jahreszeitlich bedingt strömt aber so viel nach, dass die Schlucklöcher nicht alles fassen können. Unterirdisch fließt das versickerte Wasser in Spalten, Klüften, Höhlen ab. Nach 12 Kilometern und einem Gefälle von 174 Metern kehrt es in einem Quelltopf beim Kleinstädtchen Aach ans Tageslicht zurück. Dort bildet der Aachtopf die wasserreichste Quelle Deutschlands. Aus ihr können schon mal 32 000 Liter in der Sekunde abfließen. Mit der Radolfzeller Aach strömt das Wasser, das überwiegend aus der Donau kommt, bei Radolfzell in den Bodensee. Von dort gelangt es in den Rhein. Aus Donauwasser ist Rheinwasser geworden.

Ort: Tuttlingen-Möhringen, Landkreis Tuttlingen / TUT
Lage: Donauversinkung Möhringen
Parken: Parkplatz an der Straße Möhringen – Hattingen
Rollstuhl / Kinderwagen: nein
Geöffnet: immer frei zugänglich
Auskunft: Tourist-Info im Rathaus, Rathausstraße 1,
78532 Tuttlingen, Telefon 07461 99-340, www.tuttlingen.de

Der löwenstarke Anreisetipp: Bf Tuttlingen, weiter mit der Bahn. Fahrplanauskunft für Busse und Bahnen in Baden-Württemberg – die Löwen-Line unter 01805 779966 (14 Ct./Min. aus dt. Festnetz/Mobilfunk abweichend) oder die elektronische Fahrplanauskunft über www.3-loewen-takt.de

Buntes Narrentreiben auf der Donau

Am „Schwörmontag" in Ulm

Einmal im Jahr geht Ulm baden, in der Regel am vorletzten Montag im Juli, dem „Schwörmontag". Auf Kähnen und Booten, in Kübeln und Schläuchen, auf Brettern, in Zubern treibt das Stadtvolk plantschend, schwimmend, bibbernd, prustend die Donau hinunter. Ein bunter närrischer Wasserfestzug tobt sich in den dunklen Fluten aus. „Nabada" heißt das Fest, auf der ersten Silbe zu betonen, und meint auf Schwäbisch „Hinunterbaden", die Donau nämlich. Schon seit der Mitte des 19. Jahrhunderts pflegen die Ulmer die Lust an dieser etwas sonderbaren Art zu feiern. Zunächst wird am späten Vormittag dieses Schwörmontags der Festakt begangen. Der Oberbürgermeister legt unter freiem Himmel öffentlich Rechnung ab über das Handeln des Rats und der Verwaltung im abgelaufenen Jahr. Abschließend erneuert er den Eid auf die Stadtverfassung – seit 1397 Jahr für Jahr. Am Nachmittag dieses Tags – alles Feierliche abstreifend – stürzt sich das Volk in die Donau, schwimmt zum Feiern ins Erholungsgelände „Friedrichsau". Nebenbei werden – vergleichbar mit den Karnevalszügen – Weltgeschehen und lokale Ereignisse, politische Denkwürdigkeiten, sportliches Tun durch den Kakao gezogen – in Ulm (und Neu-Ulm) nicht auf winterlich kalten Straßen, sondern eben auf Booten, im Wasser und im Sommer.

Ort: Ulm, Stadtkreis Ulm / UL
Lage: *Schwörfeier* auf dem „Weinhof", *Nabada* in der Donau
Parken: im Stadtgebiet Ulm oder Neu-Ulm
Rollstuhl / Kinderwagen: ja
Geöffnet: frei zugänglich, Startschuss um 16.00 Uhr
Auskunft: Tourist-Information Ulm/Neu-Ulm, Münsterplatz 50, 89073 Ulm, Telefon 0731 1612830, www.tourismus.ulm.de

Der löwenstarke Anreisetipp: Hbf Ulm, weiter zu Fuß. Fahrplanauskunft für Busse und Bahnen in Baden-Württemberg – die LöwenLine unter 01805 779966 (14 Ct./Min. aus dt. Festnetz/Mobilfunk abweichend) oder die elektronische Fahrplanauskunft über www.3-loewen-takt.de

Der kostbare Lebensraum Wasser

Am Flussuferpfad in Veringenstadt

„Lebendige Lauchert“ heißt der Uferlehrpfad, der am Rande von Veringenstadt den Lauchert-Fluss begleitet und das Leben in und an ihm erklärt. Der Pfad beginnt an der oberen Brücke nah der Einfahrt nach Veringenstadt, läuft immer nah am Ufer hin und endet an der unteren Brücke in der Nähe einer Neandertalerskulptur. Er will dazu anregen, dem Lebensraum Wasser seine natürlichen Bedingungen zurückzugeben. Schautafeln zeigen, wie Fische, Vögel, Säugetiere, letztlich alle über die Nahrungskette im fließenden Wasser voneinander abhängig sind. Auch werden Blicke in die erdgeschichtliche Vergangenheit des Laucherttals geworfen. Erläutert wird, wie über zehntausende von Jahren das fließende, Geröll mitführende Wasser das Flussbett aus der Alb herausgeformt hat. Die Antriebskraft des Wassers wird berücksichtigt, die jahrhundertelang den technischen Fortschritt bestimmt hat. Die Standorte ehemaliger Getreide-, Lohn-, Öl-, Gips- und Sägemühlen weist der Pfad nach. Knapp 2 Kilometer die Lauchert aufwärts hat der Veringenstadter Verein „Natur und Umwelt“ einen Naturbeobachtungsturm aufgerichtet, der im Mai 2008 festlich eröffnet wurde. Auf dem Schulhof in Veringenstadt ist ein öffentlich zugänglicher Kletterspielplatz eingerichtet.

Ort: Veringenstadt, Landkreis Sigmaringen / SIG
Lage: am südlichen Stadtrand
Parken: im Stadtgebiet
Rollstuhl / Kinderwagen: ja
Geöffnet: immer frei zugänglich
Auskunft: Stadtverwaltung, Im Städtle 116, 72519 Veringenstadt, Telefon 07577 9300, www.veringenstadt.de

Der löwenstarke Anreisetipp: Bf Veringenstadt, weiter zu Fuß. Fahrplanauskunft für Busse und Bahnen in Baden-Württemberg – die LöwenLine unter 01805 779966 (14 Ct./Min. aus dt. Festnetz/Mobilfunk abweichend) oder die elektronische Fahrplanauskunft über www.3-loewen-takt.de

Hier und da ein Neckarursprung

An den Quellen in Schwenningen

„Da ist des Neccars Ursprung", ließ Herzog Ludwig von Württemberg 1581 in einen Stein meißeln. Den setzte er in Schwenningen an den Hang der Möglingshöhe im heutigen Stadtpark. Dort steht er noch immer – allerdings als Kopie. Das Original wird im Heimatmuseum verwahrt. Ludwigs Nachfolger gingen pfleglich mit der Quelle um. König Wilhelm labte sich 1822 an ihrem Wasser. Es hat ihm nicht geschadet. Er wurde 83 Jahre alt, starb 1864. Zeitweilig versiegte die Neckarquelle. Sie wurde gelegentlich neu gefasst. Seit Herzog Ludwig sollte also eigentlich feststehen, woher der schwäbischste aller schwäbischen Flüsse kommt. Und doch stimmt da etwas nicht. Denn da führt ein stiller, 3,5 Kilometer langer Fußweg weit abseits der Möglingshöhe ins Schwenninger Moos. Dort stößt der Spaziergänger am Rande eines Moorsees auf eine Tafel mit der Aufschrift: „Des Neckars Ursprung im Schwenninger Moos". Etwas schwierig; aber alles richtig so weit. Das „Moos" schickt sein überschüssiges Wasser in einen namenlosen Bach. Der fließt auf ein paar Umwegen zu Herzog Ludwigs „Neckarquelle" hinab. Da ist nebenan ein Teich, der mal Schwenningens Freibad war. In ihm mischen sich Moor- und Neckarwasser zum schwäbischen Strom, der nach 367 Kilometern in Mannheim in den Rhein mündet.

Ort: Villingen-Schwenningen, Schwarzwald-Baar-Kreis / VS
Lage: Möglingshöhe im Stadtteil Schwenningen
Parken: am Kunsteisstadion oder am Gustav-Strohm-Stadion
Rollstuhl / Kinderwagen: ja
Geöffnet: immer frei zugänglich
Auskunft: Marketing und Tourismus, Niedere Straße 88, 78050 Villingen-Schwenningen, Telefon 07721 82-2344, www.tourismus-vs.de

Der löwenstarke Anreisetipp: Bf Schwenningen. Fahrplanauskunft für Busse und Bahnen in Baden-Württemberg – die LöwenLine unter 01805 779966 (14 Ct./Min. aus dt. Festnetz/Mobilfunk abweichend) oder die elektronische Fahrplanauskunft über www.3-loewen-takt.de

Kunst und Krempel

Die Kunst der Kettensäge

Sonderbare Geschöpfe am Straßenrand

Die „Ersten Kettensägenkunsttage Oberes Kinzigtal“ am 9. und 10. Juni 2007 haben in den Alpirsbacher Ortsteilen Reutin, Gräben und Aischfeld deutlich sichtbare Spuren hinterlassen. Seither stehen an Straßen- und Wegrändern jede Menge hölzerne Kettensägenkunstwerke herum. Da sind Schwäne darunter und Reiher sowie Wildschwein. Auch typische Meeresbewohner wie Delfin und Seepferchen haben sich aufs Dorf begeben, eine Katze sowieso und

eine Eule, aber auch ein Krokodil, ein Dachs, ein Luchs. Allesamt grob geschnitzt, aber ansehnlich als Kunstwerke. Die Kettensäge hat sie möglich gemacht. Ein solch grobes Instrument statt eines Schnitzmessers zu nutzen, ist eine Kunst, die aus Amerika kommt. Inzwischen hat sie in Deutschland Freunde gewonnen. Gesägt wird mit handelsüblichen Motorsägen und ordentlichem Lärm. Allerdings sitzt auf der Maschine eine speziell zugerichtete Schnitzschiene. Sie macht es möglich, auch feine Details herauszuarbeiten. Übliches Schnitzwerkzeug wie Messerchen, Hammer und Beitel sind in der Sägekunst verpönt. Die 16 Reutiner Figuren ziehen sich über eine Strecke von rund 2 Kilometern hin und sind in einer Stunde leicht abgewandert. Lustige, muntere Gesellen, die Stimmung machen, sind sie allesamt.

Ort: Alpirsbach, Landkreis Freudenstadt / FDS
Lage: Stadtteil Reutin
Parken: in Reutin
Rollstuhl / Kinderwagen: ja
Geöffnet: immer frei zugänglich
Auskunft: Tourist-Information, Hauptstraße 20, 72275 Alpirsbach, Telefon 07444 9516281, www.alpirsbach.de

Der löwenstarke Anreisetipp: Bf Alpirsbach. Fahrplanauskunft für Busse und Bahnen in Baden-Württemberg – die LöwenLine unter 01805 779966 (14 Ct./Min. aus dt. Festnetz/Mobilfunk abweichend) oder die elektronische Fahrplanauskunft über www.3-loewen-takt.de

Musik aus leeren Fensterhöhlen

Die große Windharfe von Hohenbaden

Seit dem Jahr 1999 erklingt auf der Schlossruine Hohenbaden oberhalb der Kurstadt Baden-Baden ohne menschliches Zutun sanfte Musik. Es muss nur ein wenig Wind durch die leeren Fensterhöhlen des einstigen Rittersaals ziehen, damit die Töne hörbar werden. Der Musiker und Harfenbauer Rüdiger Oppermannn hat in eins der Gewölbefenster Europas größte Windharfe gestellt. In das von ihm selbst entwickelte und auf die Grundtöne C und G gestimmte 4,10 Meter hohe Musikinstrument sind 120 Nylonsaiten eingespannt. Der durch die Ruinenlandschaft streichende Wind bringt sie zum Schwingen, so dass die Melodien in den Obertönen der Grundtöne klingen. Eine kleine Windharfe hatte schon von 1851 bis 1920 im Rittersaal gestanden. Die gegen Ende des 16. Jahrhunderts zerstörte Burg Hohenbaden hatte im frühen 12. Jahrhundert Markgraf Hermann II. von Baden bauen lassen. Gut 300 Jahre später wurde die Unterburg hinzugefügt, die zuletzt mehr als 100 Räume aufwies. Vom Turm der Ruine, auch von den Brüstungen und aus den Gewölbefenstern führt der Blick weit hinaus über die Stadt Baden-Baden, die Schwarzwaldhöhen, die Rheinebene und – an guten Tagen – bis hin zum Straßburger Münster. Ständig begleitet leiser Harfenklang im alten Gemäuer – allerdings nur an einem nicht völlig windfreien Tag.

Ort: Baden-Baden, Stadtkreis Baden-Baden / BAD
Lage: am östlichen Stadtrand, Alter Schlossweg
Parken: an der Schlossruine
Rollstuhl / Kinderwagen: ja
Geöffnet: immer frei zugänglich
Auskunft: Baden-Baden Kur & Tourismus GmbH, Solmsstraße 1, 76530 Baden-Baden, Telefon 07221 275200, www.baden-baden.com

Der löwenstarke Anreisetipp: Bf Baden-Baden. Fahrplanauskunft für Busse und Bahnen in Baden-Württemberg – die LöwenLine unter 01805 779966 (14 Ct./Min. aus dt. Festnetz/Mobilfunk abweichend) oder die elektronische Fahrplanauskunft über www.3-loewen-takt.de

Der Maler der Arbeitspferde

Friedrich Eckenfelder in der Balinger Zehntscheuer

Im Jahr 1938 ist der Tiermaler Friedrich Eckenfelder in Balingen auf der Schwäbischen Alb gestorben. Die Stadt, in der Eckenfelder schon seit 1883 die Sommermonate verbracht hatte, während er sich im Winter in München aufhielt, hat dem Künstler eine umfangreiche Dauerausstellung eingerichtet. In der historischen Zehntscheuer, in der auch das Balinger Heimatmuseum untergebracht ist, werden in der Friedrich-Eckenfelder-Galerie Arbeiten des Künstlers gezeigt. Ekkenfelder war am 6. März 1861 in Bern geboren, kam aber schon mit vier Jahren nach Balingen, als sein Vater mit der Familie an den eigenen Geburtsort zurückkehrte. In Rottweil und in München studierte Eckenfelder Malerei. Er war Gründungsmitglied der Künstlergruppe „Münchner Sezession". Längere Zeit war er an der Kunstakademie München Privatschüler Heinrich von Zügels. Sein bevorzugtes künstlerisches Objekt wurde das Tier in der freien Landschaft. In seinen letzten Jahren beschränkte er sich fast ausschließlich auf Pferde bei der Arbeit. Er malte sie mit intimer Liebe und Hingabe in ihrer Tätigkeit und in der Ruhe. Seine Landschafts- und Tiermotive kommen überwiegend von der Zollernalb und aus der Umgebung seines Wohnorts. Im Jahr 1922 übersiedelte der Künstler für immer nach Balingen.

Ort: Balingen, Zollernalbkreis / BL
Lage: Zehntscheuer, Neue Straße 59
Parken: im Stadtgebiet
Rollstuhl / Kinderwagen: ja
Geöffnet: dienstags bis sonntags 14.00 – 17.00 Uhr
Auskunft: Stadtverwaltung Balingen, Amt für Familie, Bildung und Vereine, Friedrichstraße 67, 72336 Balingen, Telefon 07433 170261, www.balingen.de

Der löwenstarke Anreisetipp: Bf Balingen, weiter zu Fuß. Fahrplanauskunft für Busse und Bahnen in Baden-Württemberg – die LöwenLine unter 01805 779966 (14 Ct./Min. aus dt. Festnetz/Mobilfunk abweichend) oder die elektronische Fahrplanauskunft über www.3-loewen-takt.de

Ein Kunstwerk an der Autobahn

Die Raststätte Illertal-Ost verzaubert

Im Jahr 1997 wurde an der A 7 – etwa auf halbem Weg zwischen Memmingen und Ulm – die Raststätte Illertal-Ost eröffnet. Sie bildet mit ihrer auffälligen Architektur einen krassen Gegensatz zu

allen anderen Rasthäusern entlang der deutschen Schnellstraßen. Einen Nachahmer hat sie bisher nicht gefunden. Mitten in der oberschwäbischen Landschaft, auf der württembergisch-bayerischen Landesgrenze hat der österreichische Maler und Innenarchitekt Herbert Maierhofer einen Hauch von Orient installiert. Aus dem Dach der Raststätte wachsen über Fachwerk und wellig-buckligen Fassaden windschiefe, unsymmetrische, turmähnliche Konstruktionen heraus. Maiskolben werden sie genannt, Eistüte, Sahnehäubchen. Anleihen hat Maierhofer sich in der Kunst der griechischen Antike und in Ostasien geholt. Seine Kunstraststätte, argumentiert der Künstler, spiegele den globalen Vereinigungsgedanken, wie er im multikulturellen Leben auf den Autobahnen tagtäglich seinen sinnfälligen Ausdruck finde. Maierhofer setzt die Kunst im Innern des Hauses fort. „Im Mittelpunkt meiner Planung", sagt er, „steht der Mensch als Maß der Dinge." Unter dem Motto „Problemlöser sind Möglichkeitsdenker" berät er seine Kunden. An Illertal-Ost hat ein Künstler sein Talent erproben dürfen.

Ort: Dettingen, Landkreis Biberach / BC
Lage: Ostseite der A7, nach der AS 126 Dettingen
Parken: an der Kunstraststätte
Rollstuhl / Kinderwagen: ja
Geöffnet: immer frei zugänglich
Auskunft: Kunstraststätte Illertal-Ost, 88451 Dettingen/Iller,
Telefon 07354 93220, www.illertal.com
Herbert Maierhofer, Schulgasse 12, A-8190 Birkfeld,
Telefon +43 31744960, www.planung-kunst.at

Der löwenstarke Anreisetipp: Fahrplanauskunft für Busse und Bahnen in Baden-Württemberg – die LöwenLine unter 01805 779966 (14 Ct./Min. aus dt. Festnetz/Mobilfunk abweichend) oder die elektronische Fahrplanauskunft über www.3-loewen-takt.de

45 Bilder auf 75 qm Leinwand

Seltenes Kunstwerk in der Martinskirche

In der Pfarrkirche St. Martin in Dietenheim wird jeweils drei Wochen vor Ostern das „Heilige Grab" aufgebaut. In der letzten Phase der kirchlichen Fastenzeit füllt es den ganzen Altarraum. Die hölzerne Konstruktion ist 9 Meter hoch, 8,5 Meter breit und 4 Meter tief. Die das ganze Gerüst auf der Ansichtsseite verkleidende Leinwand zeigt in Szenen und Symbolen die Leidensgeschichte des Religionsstifters Jesus Christus. Auch Propheten und andere Gestalten der Bibel sind dargestellt. In der Mitte des riesigen Gebildes ist eine Öffnung für die eigentliche Grabsituation gelassen. Der kirchliche Brauch, Heilige Gräber aufzurichten, reicht ins hohe Mittelalter zurück. Zur Passionszeit wurden die oft prunkvoll ausgestatteten Hochaltäre in den Kirchen mit Leinentüchern verhängt. Nicht nur der Körper sollte in dieser Zeit fasten. Auch die Augen sollten für eine Weile auf den Glanz der Welt, den Anblick von Gold und Silber, verzichten. Die ursprünglich einfach gehaltenen Leinentücher wurden später mit christlichen Symbolen und Figuren bemalt und bestickt. Das Volk nannte sie „Hungertücher". In der Barockzeit wurden sie in vielen Kirchen durch das eindrucksvollere „Heilige Grab" ersetzt. In Dietenheim wurde 1727 erstmals das „Heilige Grab" aufgebaut.

Ort: Dietenheim, Alb-Donau-Kreis / UL
Lage: in der Stadtmitte
Parken: im Ort
Rollstuhl / Kinderwagen: ja
Geöffnet: tagsüber immer frei zugänglich
Auskunft: Kath. Pfarramt St. Martinus, Königstraße 88, 89165 Dietenheim, Telefon 07347 7430, http://se-dietenheim-illerrieden.drs.de

Der löwenstarke Anreisetipp: Bf Illertissen, weiter mit dem Bus. Fahrplanauskunft für Busse und Bahnen in Baden-Württemberg – die Löwen-Line unter 01805 779966 (14 Ct./Min. aus dt. Festnetz/Mobilfunk abweichend) oder die elektronische Fahrplanauskunft über www.3-loewen-takt.de

Kunstbesinnung als Walderlebnis

Der „WeiterWeg" von Gschwend

Eine Mischung aus Kunstpfad und Besinnungsweg bietet der Walderlebnispfad „WeiterWeg" beim Gschwender Ortsteil Rotenhar im

Limpurger Land. Auf einem Rundweg wird der Wanderer zu zehn Stationen geführt. Sie wollen ihn anregen, über zentrale Fragen des Lebens nachzusinnen. An jeder Station ist dazu ein überdimensionales Kunstwerk aufgestellt. Daneben stehen Tafeln mit allgemeinen Lebensweisheiten und Schriftsätzen christlichen Inhalts. Die Stationen mit ihren Kunstwerken tragen Namen wie „Tal der Stille", „Großer Tisch des Friedens", „Teich", „Himmelsleiter", „Leitplanken des Lebens". Die Wege sind mal breit, mal schmal. Damit soll die Aufmerksamkeit für die Natur verstärkt werden. Die reine Gehzeit auf der rund 5 Kilometer langen Runde ist auf 1,5 Stunden veranschlagt. Empfohlen wird dem Wanderer von den Schöpfern des WeiterWegs, sich auf 2,5 oder gar 3 Stunden einzulassen. Nur so bleibe ausreichend Zeit, sich der einzelnen Station zu widmen. Eingerichtet hat den WeiterWeg die Graf von Pückler und Limpurg'sche Wohltätigkeitsstiftung in ihrem Privatwald. Der Pfad soll einen wichtigen Teil des Stiftungszwecks sichtbar machen – die Unterstützung der evangelisch-kirchlichen Arbeit in Baden-Württemberg.

Ort: Gschwend, Ostalbkreis / AA
Lage: zwischen Schönberg und Rotenhar
Parken: Parkplatz WeiterWeg an der Straße Schönberg - Rotenhar
Rollstuhl / Kinderwagen: ja, gesonderter Rollstuhlpfad
Geöffnet: immer frei zugänglich
Auskunft: Fremdenverkehrsgemeinschaft Schwäbischer Wald, Alter Postplatz 10, 71328 Waiblingen, Telefon 07151 501-1376, www.schwaebischerwald.com

Der löwenstarke Anreisetipp: Fahrplanauskunft für Busse und Bahnen in Baden-Württemberg – die LöwenLine unter 01805 779966 (14 Ct./Min. aus dt. Festnetz/Mobilfunk abweichend) oder die elektronische Fahrplanauskunft über www.3-loewen-takt.de

20 Quadratmeter für den Stall in Bethlehem

300 Jahre Barockkrippe in Gutenzell

Eine der figurenreichsten Weihnachtskrippen in Süddeutschland wird in der ehemaligen Klosterkirche Gutenzell gezeigt. Die meisten der knapp einen halben Meter hohen, in prachtvolle Gewänder gekleideten Engel und Hirten, Könige, Musikanten, Priester sind gut 300 Jahre alt. In sieben Einzelszenen wird mit rund 200 Figuren das Geschehen um und nach Christi Geburt dargestellt. Hirten eilen mit den Herden zum Stall in Bethlehem. Maria und Josef fliehen mit dem Jesuskind und einem Esel nach Ägypten. Der „Kindermord von Bethlehem" wird drastisch mit Soldaten und trauernden Müttern abgebildet. Auf der „Hochzeit zu Kana" geht's fröhlich her mit Orchester, Festtafel und Weinwunder. Der Besucher trifft die „Heilige Familie" in Nazareth in ihrer Zimmermannswerkstatt an und mit ihrem kleinen Sohn im Jerusalemer Tempel. Die „Anbetung der Könige" im Stall zu Bethlehem ist das größte und prächtigste der Bilder. Eine Fläche von gut 20 Quadratmetern bevölkern die drei Könige, ihre Diener, zahllose Engel mit Krönchen auf den Häuptern und Stäben in den Händen, dazu Maria und Josef mit dem Kind in der Krippe. Pferde beleben die Szene. Ein Elefant mit Korkenzieherbeinen und kurios verdrehtem Rüssel stampft mitten durchs Bild. Diese Szene wurde schon im Jahr 1704 aufgestellt.

Ort: Gutenzell, Landkreis Biberach / BC
Parken: im Klosterhof Gutenzell
Rollstuhl / Kinderwagen: ja
Geöffnet: 26. Dezember bis 2. Februar tagsüber frei zugänglich
Auskunft: Krippenbetreuer Karl Linder, Kleinser Berg 12, 88484 Gutenzell, Telefon 07352 1200

Der löwenstarke Anreisetipp: Bf Laupheim, weiter mit dem Bus. Fahrplanauskunft für Busse und Bahnen in Baden-Württemberg – die Löwen-Line unter 01805 779966 (14 Ct./Min. aus dt. Festnetz/Mobilfunk abweichend) oder die elektronische Fahrplanauskunft über www.3-loewen-takt.de

Die Muffigel-Familie und andere Gestalten

Auf dem Skulpturenpfad von Niederalfingen

Seit dem Sommer 2005 verbindet die beiden Dörfer Niederalfingen und Neuler im Ostalbkreis ein gut 4 Kilometer langer Skulpturenweg. Längs des Pfads im Landschaftsschutzgebiet des Schlierbachtals reihen sich in unterschiedlich weiten Abständen alles in allem 51 in Holz geschnitzte, teils lebensgroße Gestalten. Unter ihnen finden sich Figuren, die an einst wichtige Tätigkeiten auf den Dörfern

erinnern wie die Gänsemagd, der Hütejunge, die Steinbrecher, der Nachtwächter. Aber auch Tierfiguren, Märchen- und Sagengestalten sind darunter. Sogar eine ganze Sängergruppe ist versammelt. Die Idee, die hölzernen Kunstwerke an den Weg zu stellen, hatte Hubert Schüll, Gemeinderat in Neuler und Leiter der Schnitzkurse an der Technischen Schule Aalen. Gelernt haben bei Schüll die „Sculpturies", eine lose Gemeinschaft von Leuten, denen Arbeiten in Holz Freude macht. Zwei Winter hindurch haben sie an ihren Kunstwerken gesägt, gemeißelt, geschnitzt. Im Mai 2003 wurden erste Ergebnisse im Krähen- und im Schlierbachtal aufgestellt. Zwei Jahre später kamen noch mal 15 Figuren hinzu. Begrüßt werden Wanderer auf dem Skulpturenweg am Naturerlebnisbad im Hüttlinger Ortsteil Niederalfingen von der munteren „Muffigel-Familie", Maskottchen der Gemeinde Hüttlingen.

Ort: Hüttlingen-Niederalfingen, Ostalbkreis / AA
Lage: Naturerlebnisbad am nördlichen Ortsrand
Parken: am Naturerlebnisbad
Rollstuhl / Kinderwagen: nein
Geöffnet: immer frei zugänglich
Auskunft: Gemeinde Hüttlingen, Schulstraße 10, 73460 Hüttlingen, Telefon 07361 97780, www.huettlingen.de

Der löwenstarke Anreisetipp: Bf Aalen, weiter mit dem Bus. Fahrplanauskunft für Busse und Bahnen in Baden-Württemberg – die LöwenLine unter 01805 779966 (14 Ct./Min. aus dt. Festnetz/Mobilfunk abweichend) oder die elektronische Fahrplanauskunft über www.3-loewen-takt.de

11 000 Kunstwerke eines Sammlers

Der Kunstschatz des Unternehmers Reinhold Würth

Seit den 1960er Jahren hat der Künzelsauer Unternehmer Reinhold Würth eine Sammlung von mehr als 11 000 Kunstwerken überwiegend moderner und zeitgenössischer Stilrichtungen aufgebaut. Ausgewählte Arbeiten werden in ständig wechselnden Ausstellungen im Museum Würth und der Hirschwirthscheuer am Firmensitz Künzelsau wie auch in der Kunsthalle Würth und der Johanniterhalle in Schwäbisch Hall gezeigt. Darüber hinaus unterhält Würth Kunstdependancen in zehn europäischen Auslandsgesellschaften. Besuche der Dauerausstellungen sind kostenlos. Führungen – auch mit Kindern – sind kostenpflichtig. Für Sonderausstellungen gelten besondere Regeln.

<u>Kunsthalle Würth:</u>
Ort: Schwäbisch Hall
Parken: im Stadtgebiet
Rollstuhl / Kinderwagen: ja
Geöffnet: täglich 10.00 – 18.00 Uhr
<u>Johanniterhalle:</u>
Ort: Schwäbisch Hall
Parken: im Stadtgebiet
Rollstuhl / Kinderwagen: ja
Geöffnet: 11.00 – 18.00 Uhr
<u>Museum Würth:</u>
Ort: Künzelsau
Parken: am Museum
Rollstuhl / Kinderwagen: ja
Geöffnet: täglich 10.00 – 18.00 Uhr
<u>Hirschwirthscheuer:</u>
Ort: Künzelsau
Parken: im Stadtgebiet
Rollstuhl / Kinderwagen: nein
Geöffnet: mittwochs bis sonntags 11.00 – 17.00 Uhr

einheitliche Auskunft für alle Einrichtungen:
Telefon 07940 152200, www.kunst.wuerth.com

Der löwenstarke Anreisetipp: Fahrplanauskunft für Busse und Bahnen in Baden-Württemberg – die LöwenLine unter 01805 779966 (14 Ct./Min. aus dt. Festnetz/Mobilfunk abweichend) oder die elektronische Fahrplanauskunft über www.3-loewen-takt.de

120 Quadratmeter Staufergeschichte

Im ehemaligen Benediktinerkloster Lorch

Seit dem Jahr 2002, in dem das Benediktinerkloster Lorch im Tal der Rems 900 Jahre alt wurde, birgt der Kapitelsaal der ehemaligen Abtei ein riesiges Wandgemälde. 4 Meter hoch und 30 Meter breit zeigt das Rundbild 200 Jahre Geschichte des schwäbischen Herzogs- und Kaisergeschlechts der Staufer. Der Lorcher Künstler Hans Kloss hat vier Jahre lang daran gemalt. In teils grellbunten Farben schildert das Bild den Aufstieg der Staufer, der im nahegelegenen Wäscherschloss im 11. Jahrhundert begann. Seinen Höhepunkt erlebte das Geschlecht mit den Kaisern Friedrich Barbarossa und Friedrich II. Das Ende ereilte es am Marktplatz in Neapel, auf dem der erst 16-jährige Thronfolger Konradin hingerichtet wurde. Auf seinem Rundbild hat Kloss mehr als 1 200 Menschen- und gut 600 Tierfiguren versammelt. Kaiser und Könige, Edelleute, Geistliche, Bauern, Bettler, Kinder ziehen durchs Bild, Elefanten, Kamele, Löwen, Giraffen, Tiger, vor allem Pferde. Auch Burgen auf Berggipfeln sind abgebildet, kaiserliches Festgelage, päpstliches Konzil, Ritterturnier, Falkenjagd, Hochzeit, Tod und viel Landschaft. Lorch bot sich für das Stauferbild an. Das Herrschergeschlecht hatte das Benediktinerkloster selbst gegründet und als Grablege für die eigene Familie bestimmt.

Ort: Lorch, Ostalbkreis / AA
Lage: im ehemaligen Benediktinerkloster Lorch
Parken: vor dem Klostereingang
Rollstuhl / Kinderwagen: ja
Geöffnet: montags bis sonntags, April bis Oktober 10.00 – 18.00 Uhr, November bis März 10.00 - 17.00 Uhr
Eintritt: frei mit Landesfamilienpass, sonst 7,50 € für Familien
Auskunft: Touristik Büro, Klosterstraße 2, 73547 Lorch, Telefon 07172 928497, www.stadt-lorch.de und www.kloster-lorch.com

Der löwenstarke Anreisetipp: Bf Lorch, weiter zu Fuß. Fahrplanauskunft für Busse und Bahnen in Baden-Württemberg – die LöwenLine unter 01805 779966 (14 Ct./Min. aus dt. Festnetz/Mobilfunk abweichend) oder die elektronische Fahrplanauskunft über www.3-loewen-takt.de

Zwei Dutzend rätselhafte große Steine

Am Skulpturenfeld von Oggelshausen

Wenig südlich und südwestlich des Federsees stehen und lagern auf Wiesen und an Wegrändern gut zwei Dutzend mit Hammer und Meißel, mit Kettensäge und Elektrobohrer bearbeitete Steinmonumente. Sie bilden ein Skulpturenfeld und einen Skulpturenpfad. In den Jahren 1969 und 1970 hatten 15 Bildhauer aus fünf Ländern und drei Kontinenten nah dem Dörfchen Oggelshausen in einem Symposium auf freiem Feld 15 steinerne Skulpturen geschaffen. Angeregt hatte das Künstlertreffen der Biberacher Arzt Dr. Gustav Laib. Die Bildhauer bearbeiteten ihre Kunstwerke an Ort und Stelle und ließen sie dort am Ende des Künstlertreffens auch gleich stehen. So ist am Rand des Federseemoors eine Skulpturensammlung entstanden, die auf einem einstündigen Spaziergang mit weitem Blick übers Federseeried bequem abgewandert werden kann. Zum 30. Jahrestag der Eröffnung dieses Skulpturenfelds im Jahr 2000 hatte die Gemeinde Oggelshausen zehn weitere Bildhauer aus fünf Ländern zu einem neuen Symposium eingeladen. Auf ihm sind zehn neue Kunstwerke entstanden. Sie bilden nun den Skulpturenpfad, der das Oggelshauser Skulpturenfeld mit dem Marktplatz im Kurort Bad Buchau verbindet. Gewohnt haben die Künstler beider Symposien im Gasthaus „Löwen“ in Oggelshausen.

Ort: Oggelshausen, Landkreis Biberach / BC
Lage: südöstlich Oggelshausen und an der Straße nach Bad Buchau
Parken: am Wanderparkplatz Skulpturenfeld, in Bad Buchau
Rollstuhl / Kinderwagen: ja
Geöffnet: immer frei zugänglich
Auskunft: Bürgermeisteramt Oggelshausen, Schulstraße 5, 88422 Oggelshausen, Telefon 07582 91227, www.oggelshausen.de

Der löwenstarke Anreisetipp: Bf Biberach, weiter mit dem Bus. Fahrplanauskunft für Busse und Bahnen in Baden-Württemberg – die LöwenLine unter 01805 779966 (14 Ct./Min. aus dt. Festnetz/Mobilfunk abweichend) oder die elektronische Fahrplanauskunft über www.3-loewen-takt.de

Kurzlebiger Skulpturenpark im Herbst

Die Strohköpfe von Schwenningen

Immer im frühen Herbst, wenn die Getreidefelder abgeerntet sind und das Stroh gedroschen ist, verwandeln 1 500 Schwenninger ihr Dorf am Heuberg in ein Kunstwerk. Dutzende aus Stroh geflochtene, gedrillte, gezwirbelte, kleine Figuren stehen dann längs der Dorfstraße und an anderen Wegen. Sie wachen über Hauseingänge, entspannen sich in Vorgärten, lehnen an Mauern und Laternenmasten oder gucken einfach ein wenig stumpfsinnig in die Gegend. Das gibt ein schönes Bild und es macht Freude, die Puppen aus der Nähe zu betrachten. Doch weit ausgefallener ist ein anderes Projekt, das die Schwenninger seit 1997 stemmen: Auf einem großen Wiesengrundstück am Ortsrand richten sie ihren Strohpark her. Dort setzen sie – anders als im Dorf – keine Winzlinge mehr aus. Lebensgroße Figuren bauen sie auf die Wiese. Mit enorm viel Einfallsreichtum und handwerklichem Geschick fertigen sie Hühner und Strauße, ein Stück Achterbahn, Kinderwagen mit Inhalt, betagte Paare auf Bänken, Riesenheuschrecken, Brunnen, Motorräder, Leiterwagen mit vorgespannten Pferden – alles aus Stroh. Sogar Obelix, der Helfer von Asterix, war schon mal da. Auch den Eiffelturm haben sie in Schwenningen schon nachgebaut. Und jedes Jahr gibt's neue Ideen und neue Figuren – für ganze 6 Wochen.

Ort: Schwenningen, Landkreis Sigmaringen / SIG
Lage: Wiese nah der Heuberghalle
Parken: am Strohpark
Rollstuhl / Kinderwagen: ja
Geöffnet: immer frei zugänglich von Mitte September bis Ende Oktober
Auskunft: Gemeinde Schwenningen, Alte Pfarrstraße 9, 72477 Schwenningen, Telefon 07579 92120, www.schwenningen.de

Der löwenstarke Anreisetipp: Bf Schwenningen, weiter zu Fuß. Fahrplanauskunft für Busse und Bahnen in Baden-Württemberg – die Löwen-Line unter 01805 779966 (14 Ct./Min. aus dt. Festnetz/Mobilfunk abweichend) oder die elektronische Fahrplanauskunft über www.3-loewen-takt.de

Ludwig Heeß plaudert über Wein und Kunst

Wie der Gölte in den Weinberg kam

Im Jahr 2004 wurde in Schnait, zweitkleinster der fünf Stadtteile von Weinstadt im Remstal, der Weinbau- und Skulpturenweg eröffnet. An dem gut 3 Kilometer langen Rundkurs berichten Tafeln Lehrreiches zu acht Weiß- und zehn Rotweinsorten. Solche Lehrpfade gibt's auch anderwärts. An den Weg durch die Weinberge hat der Schnaiter Weingärtner und Freizeitbildhauer Ludwig Heeß zwei Dutzend steinerne Skulpturen gestellt, die er in 16 Jahren geschaffen hat. Solche Skulpturenpfade stehen auch an anderen Stellen im Land. Ungewöhnlich am Schnaiter Rundweg ist, dass Künstler Heeß seine Figuren selbst erklärt – zu jeder Zeit, Tag und Nacht, ungefragt, launig und auf Schwäbisch. Auf Weinstadts Internetseite sind die Erläuterungen hinterlegt, die Heeß auf Band gesprochen hat. Daheim am PC oder auf dem Skulpturenpfad kann jeder die mp3-Dateien herunterladen und den in bestem Schnaiter Dialekt gesprochenen Kommentaren zuhören. Das ist ein Genuss, wie Heeß die Entstehung seiner Figuren beschreibt, wie er die Römer preist, die den Wein nach Deutschland brachten, wie er über den Wein selbst plaudert. In Schnait hat Weinkultur Tradition. Also lag nahe, dem Weinfreund, der häufig ja auch ein Wanderfreund ist, einen solch wunderbaren Pfad zu Füßen zu legen.

Ort: Weinstadt-Schnait, Rems-Murr-Kreis / WN
Lage: am südöstlichen Stadtrand in den Weinbergen
Parken: Wanderparkplatz 1,8 km nach Ortsende Richtung Manolzweiler
Rollstuhl / Kinderwagen: ja, aber etwas schwierig
Geöffnet: immer frei zugänglich
Auskunft: Kulturamt Weinstadt-Großheppach, Pfahlbühlstraße 12, 71384 Weinstadt, Telefon 07151 693-0, www.weinstadt.de

Der löwenstarke Anreisetipp: Bf Endersbach, weiter mit dem Bus. Fahrplanauskunft für Busse und Bahnen in Baden-Württemberg – die Löwen-Line unter 01805 779966 (14 Ct./Min. aus dt. Festnetz/Mobilfunk abweichend) oder die elektronische Fahrplanauskunft über www.3-loewen-takt.de

Moderne Kunst im Weinberg

Sonderbares am Strümpfelbacher Skulpturenpfad

Strümpfelbach, kleinster Stadtteil der 26 000 Einwohner zählenden Gemeinde Weinstadt im Remstal, hütet eine ungewöhnliche Skulpturensammlung. Drei Generationen der Künstlerfamilie Nuss / Traub haben gut drei Dutzend Bronze- und Steinfiguren in Strümpfelbachs

Weinberge gestellt. Überwiegend bilden sie Menschen und Tiere nach. Hier und da sind auch Gegenstände darunter. In ihrer Gesamtheit machen die Kunstwerke den Strümpfelbacher Skulpturenpfad aus. Mit seinen von ihm selbst geschaffenen 28 Kunstwerken hat Karl Ulrich Nuss, seit 1970 freiberuflicher Bildhauer in Strümpfelbach, den umfangreichsten Beitrag geleistet. Acht Figuren stammen von seinem Vater Fritz Nuss, von 1952 bis 1972 Professor an der Fachhochschule für Gestaltung in Schwäbisch Gmünd, davor Leiter der Bildhauerklasse an der Stuttgarter Akademie der Bildenden Künste. Dessen Neffe Christoph Traub hat der Sammlung in freier Natur drei steinerne Skulpturen hinzugefügt. In der Idee, die Kunst in die Weinberge zu tragen, treffen sich zwei Vorstellungen der drei Künstler. Sie möchten zunächst mal anderen mit ihren Werken eine Freude machen. Zugleich aber sollen über die Begegnung mit den Skulpturen auch jene Menschen an die Kunst herangeführt werden, die gewöhnlich Galerien und Museen meiden.

Ort: Weinstadt-Strümpfelbach, Rems-Murr-Kreis / WN
Lage: Beginn an der Gemeindehalle Strümpfelbach
Parken: an der Gemeindehalle im Kirschblütenweg
Rollstuhl / Kinderwagen: nein
Geöffnet: immer frei zugänglich
Auskunft: Stadt Weinstadt, Marktplatz 1, 71384 Weinstadt, Telefon 07151 6930, www.weinstadt.de

Der löwenstarke Anreisetipp: Bf Endersbach, weiter mit dem Bus. Fahrplanauskunft für Busse und Bahnen in Baden-Württemberg – die Löwen-Line unter 01805 779966 (14 Ct./Min. aus dt. Festnetz/Mobilfunk abweichend) oder die elektronische Fahrplanauskunft über www.3-loewen-takt.de